〔韩国〕孔元国 著

金爱华 译

第四卷

夹缝求生

春秋战国

上海三联书店

## 主要登场人物

### 晋悼公（前 586—前 558）

受晋国多数卿大夫邀请，年仅 14 岁即回国继位。此后，整顿内政，开明任贤，打下了复兴晋国的基础。在其执政期间，匡复了晋国的霸业，可与晋文公媲美。两次与楚国弭兵会盟，确立了春秋中后期比较稳定的国际秩序。

### 赵武（约前 589—前 541）

史书称赵文子，又称赵孟，以"赵氏孤儿"的身份留名青史。晋景公时，屠岸贾诛灭赵家之际，幸亏得到赵氏的亲信公孙杵臼、程婴救助才得以活命。此后，随母赵姬移居周公室成为后世的赵氏后嗣。晋平公十年即赵氏家主位，十二年与楚令尹屈建主导弭兵会盟。

### 栾盈（？—前 550）

栾盈为晋悼公即位立下汗马功劳，栾氏家族是晋国实力最强的世族。因母亲诬陷，栾盈被父亲范宣子驱逐，被迫逃亡到楚，又转而奔赴齐国。在齐庄公的协助下潜入晋国发动政变，以失败告终。

曲沃原为栾氏封邑。他奔回曲沃后被围，最终被杀，栾氏灭族。

### 齐庄公（？—前 548）

齐灵公之子。灵公驾崩前，齐庄公借助崔杼之力即位。晋国栾盈奔赴齐国后，齐庄公不顾晏婴的反对，给予栾盈较高待遇。此后，虽派栾盈潜入晋国，发动内乱并进攻晋国，但最终失败。因与齐国最大实权派崔杼之妻私通，最终被崔杼杀死。

### 晏婴（？—前 500）

齐国庄公、景公时期的贤臣。崔杼发动政变并杀死齐庄公时，晏婴曾言："君主为国家的社稷而死时，做臣子的本应与之同死，而今先君并非为国家社稷而死，臣子应首先考虑怎样保存齐的宗庙社稷及百姓的安宁。"所以并未选择逃亡。此后，崔杼和庆封的势力逐渐削弱，晏婴成为景公的宰相、顾问，引导齐国走向复兴之路。

### 屈建（？—前545）

楚共王死后成为令尹，主持国政。公元前546年，宋国的向戌提出了弭兵的建议，各诸侯国相聚宋国参加弭兵之会，屈建代表楚国与晋国赵武主导了会盟。赴会期间，晋国与楚国在歃血的顺序上发生激烈争夺，最终晋国退让，楚国率先歃血，取得了春秋时期最大的外交成就，同时签订了和平协定。

### 楚灵王（前540—前529年在位）

楚共王次子，杀侄儿郏敖自立为王，是春秋时代有名的穷奢极欲的君主，为捍卫楚国的霸权地位接连发动战争。即位后，由楚国主导纠合各诸侯国的士兵一同进攻吴国，杀害了庆封。公元前529年，蔡公熊弃疾纠合了陈国和蔡国发动政变，楚灵王自杀。

### 伍举（？—？）

伍子胥的祖父，为楚灵王杀害郏敖登上王位立下汗马功劳。楚灵王即位后，他辅佐灵王屡次取得辉煌战功，让原本平庸的伍家不断强大起来，而因奸臣费无极的谗言，伍家蒙受灭门之祸。只有伍举的孙子伍子胥九死一生逃到吴国，最终带兵攻入楚都，灭了楚国。

### 子产（？—前522）

郑国穆公之孙，郑国宰相，又称公孙侨。公元前563年平定内乱，进而执政。作为一位出色的政治家，他依据对现实的冷静、清晰的认识，以及成熟完备的治国理论，引导郑国在北方的秦国和南方的楚国等强国的夹缝之中，依旧能够保持国家稳定。公元前536年，他铸造了中国首个成文法刑鼎，成为法治的先驱。他与齐国的晏婴、晋国的叔向被称为春秋中后期的贤人。

# 目 录

# 前　言

　　至此，春秋时代也接近尾声。直到现在，故事的主角都是割地称雄的诸侯霸主，比如，从东方的齐桓公到北方的晋文公，再到南方的楚庄王。春秋霸主之争的主要舞台是所谓的"中原"。春秋霸权之争主要围绕着中原，以东西、南北两个轴互相交错着拉开了强国间的激烈角逐。

　　可是，春秋时代并不仅仅有春秋五霸称雄的故事，还有处在晋、楚等强国的缝隙之中，艰难度日、沦落为宛如"棋盘的棋子"的许多小国的故事。随着霸权之争愈加激烈，强国对小国的外交威胁、军事威胁也随之成倍增加。

　　尤其是步入春秋中期以后，在北方的晋国和南方的楚国争夺霸权的过程中，位于两国中间的郑国，一直处于前怕狼、后怕虎的境地。晋、楚两国为了让郑国臣服，不仅对其进行外交威胁，还不惜采取军事行动。因此，这一时期，郑国的众多士大夫及正卿，其最重要的使命是在晋、楚两国之间做出更加有利于本国利益的战略抉择。一旦晋、楚两国兵戎相向，郑国不仅要被迫看这两国的脸色，而且还不能轻易向任何一方投降，否则就会兵连祸结，很快陷入非常艰难、尴尬的境地之中。

这种情况并不仅仅存在于郑国。其他小国自不必说，相对比较大的鲁、陈、蔡、宋、卫等国也无法幸免。可是，随着南北两大霸权国之争的局面发生变化，天下大势又出现了新的变化。在这种局面激烈变化的旋涡中，有些国家仍旧保持了国家的稳定，有些国家却身不由己地卷进了旋涡之中。那么，是什么原因导致了处于相同地位的国家出现了如此不同的结果呢?


## 1. 犹如刺猬一样厉害的政治家 —— 子产

本卷讲的就是弱小国家谋求生存之道的故事。其中，有一位犹如刺猬一样厉害的政治家。他出生于弱小国郑国的贵族家庭。春秋战国时期，出生于小国贵族家庭，就好似额头上刻着朱红色的字，身披不合身的绸缎一般不好受。虽在国内身披丝绸游荡，但到了国外，额头上就好似刻着"羞愧于出生在小国"的字样，只能无奈地摇头晃脑。可是，这里要介绍的这个刺猬一样的政治家却不同寻常。他不仅脱掉了丝绸衣裳，还用丝绸衣袖擦干净了额头上的朱红字，换上了浑身长满刺的刺猬服。

这个人就是郑国著名的人物 —— 子产，亦称公孙侨。他在老虎和狗熊面前，从未像兔子一样畏惧过，也未像小狗一样肆意讨好，也未像小猫一样贪食，更未像狐狸一样招人反感，反倒犹如刺猬一样沉着冷静地应对着种种变化。

其实，如果刺猬不竖起全身的刺，老虎和狗熊也不会轻易攻击它。因为不值得冒着被刺扎满全身的危险去剥掉刺猬的皮。正因为放弃了贪念而少了许多烦恼，也因为换上粗糙的刺猬服而少了狐狸有着华丽毛皮的苦恼。只是，刺猬的人生也是非常困苦的。因为不是宠物，所以只能独自寻觅食物，独自操持家业。但对于刺猬来讲，能够获得自由，这一点代价还是值得的。

韩国曾几何时也是一只刺猬。尽管遭受了许多批判，但仍坚守着自身的正统性。尽管时而不得不扮演着兔子、小狗、小猫的角色，也在极少数情况下扮演狐狸的角色，但终归是一只刺猬。

正如希腊诗人阿尔基洛科斯所言："狐狸懂得很多很杂的事情，刺猬只懂得最重要的一件事情。"公元前6世纪，中原就出现过这么一位犹如刺猬一样厉害的政治家。


## 2. 险要之地、小国及民众[①]

一般人们都认为财物越多越好，力量越大越好。《诗经》中记载了大臣向国王阿谀奉承道："天保定尔，亦孔之固。"孟子说："有恒产者有恒心。"可是，无产无力量者的命运由谁负责呢？难道只能像《诗经》中一样慨叹"哀我征夫，独为匪民"吗？没有这些弱者的慨叹，史书将变得非常无趣。然而，这种慨叹也的确十分凄惨。


　　　　天祸郑国，使介居二大国之间，大国不加德音，而乱
　　以要之，使其鬼神不获歆其禋祀，其民人不获享其土利，

---

① 这一小标题好似将著名新现实主义国际政治学者肯尼思·华尔兹的《人类、国家、战争》这个题目故意调换了顺序。可是，事实上笔者是无意识地输出这一系列词语的，只是值得庆幸的是，顺序是相反的。华尔兹之所以将人类放在最前面，原因在于强调人类作为国际体制的"接受者"的作用较弱这一点。相反，笔者将"人类（民众）"放在最后，在于强调人类作为国际体制的"调整者"的作用较大。其实，现代国际关系理论没有适用于郑国这种边缘国家的。大部分理论都与中心区域、最强国家有关。当然，主要关注中心区域的国际政治这一领域，很难找到适用于小国的理论。坦率地讲，笔者并无任何理论，也仅仅属于二流学者。如果仍借讲述遥远古代，引入现代国际政治理论，可能会遭部分读者嘲笑，当然，也会遭著名国际政治理论家嘲笑，但这些并不妨碍笔者向读者传达本人真实的所思所想。

夫妇辛苦垫隘，无所底告。

——《左传·襄公九年》

郑国执政子驷在晋楚两国之间一直犹豫不决，当晋国突然攻进来后，子驷在盟誓的场合吐露了郑国的难处。为什么上天将郑国置于强大的晋楚两国之间？出生于小国的人饿死也没地方倾诉。只要是真正关心国家社稷的政治家，都会发出这种慨叹。

公元前 600 年到公元前 550 年，中原弱小的郑国不知多少次遭受他国的入侵。郑国成为争夺春秋霸主地位战争的导火线，不断地被卷入战争之中。使楚庄王成为霸主的邲之战，以及晋国成为霸主的鄢陵之战，都是晋楚两国为争夺郑国而引发的战争。因此，早上向楚国投降，晚上去投靠晋国，几乎成为这一时期郑国外交的常态。而且，郑国并不仅仅要面对大规模战争，只要大国稍不满意，就可能会怂恿周边小国对郑国采取行动。例如，晋国就曾怂恿宋国攻打郑国，楚国也曾怂恿陈国进攻郑国。甚至，距离中原较远的秦国军队，也随时越过国境线骚扰郑国。这与郑国身处战略重地密切相关，各国都无法舍弃这个重要的战略重地。同时，郑国又不具备保护自身的能力，从而造成了上述局面。

然而，问题并不仅仅是遭受战争那么简单。每逢大国的大小活动，郑国还要进献贡物（一些供奉甚至是定期的），进献贡物让整个国家不堪重负。其数量之巨大，已经到了"拆毁迎宾馆的墙垣堆积贡品""百乘车马，一行上千人，往返几次，国家将被掏空"的程度，这些记录如实地表现了当时郑国贡赋之重。

这一时期，认为满足强国的所有要求，必将造成国家覆亡的人，正是本书的主人公——子产。子产采取了不同以往的政策，不仅使郑国免于成为各国攻击的对象，甚至成为各国厚待的国家。子产到底有什么秘籍呢？

"倘若不满足强国的所有要求，遭到报复怎么办？其结果不是自取灭亡吗？"

"既然强国统治世界的现状不能改变，强出头的结果必然不会有什么好下场，那样做，难道不是做无谓的牺牲吗？"

当时的政治家们也向子产提出了同样的问题。子产的答案是否定的。那么，普通政治家和子产的区别在哪里呢？笔者仔细地分析了当时的政治环境，是否胸中有城府、具有一定"理论"，是彼此之间的首要区别。所谓"理论"，是指战略构想的框架，以及阐释战略构想的行动步骤。

对于普通人来讲，记住春秋战国时期的国家名称，已经是非常困难的事情了。如果没有从整体上解释和分析这一历史时期的框架思维，时间都将浪费在记忆国家名称、人物官职姓氏上。因此，从本卷开始，我们将简单阐释春秋战国时期各诸侯国之间的关系，以及由此生发出的政治理论。基于这种理论，春秋战国时期很多看似错综复杂的局面和问题，都将变得更加清晰和明确。

## 3. 从寓言看春秋时代各诸侯国的政治理论[①]

本卷的体例有些特殊，书里含有很多今天流行的政治理论。但是，读者诸君没必要不避烦冗，逐一牢记这些理论。本书将使用非常简单的比喻来说明这些理论。在春秋这一特定时期，虽未使用现代话语，却可以通过了解弱小国政治家的各种应对之策，逐渐掌握现代国际关系理论的核心内容，尽情体味其中包含的理论真谛。

为整体了解春秋时代各诸侯国的政治情况，首先，有必要借用简单的比喻说明理论前提，即春秋时代各诸侯国之间关系的理论框

———————

① 对国际关系理论感兴趣的读者，可参考注释；不感兴趣的读者，不阅读也无妨。

架和各行为主体的行动方式等内容。

为更易于理解春秋时代这个巨大的历史舞台，可以将其整体假设为一个大笼子，大笼子又可分为多个小笼子，每个小笼子代表着春秋时代的各个国家；还可以从寓言故事的角度，阐释其政治关系理论。

原本，周朝的分封制可以保障各个成员在笼子内互不侵犯。但是，进入春秋时代以后，笼子内的各围墙逐渐开始瓦解。那么，笼子内的世界会发生怎样的变化呢？下面将借用寓言阐释现今国际政治的三种代表性理论。

首先是当下最具影响力的"现实主义理论"[①]。就仿佛各个笼子里都有一只老虎，某一天这些笼子被打开后，所有老虎肯定会被放出来，从此开始随心所欲、自由行动。那么，究竟会发生怎样的事情呢？会出现凄惨的杀戮场面吗？答案并非如此。

这些凶悍的老虎处于共存的"无政府状态"，出人意料的是，彼此之间倒是很安全的。首先，弱小的老虎会自动退居至后排。其中，几只体魄强健的老虎会展开厮杀。经过几次厮杀后，会决出两只最强大的老虎。可是，这两只老虎决不会轻易展开厮杀，仅仅进行气势上的争斗。其原因在于，拼个你死我活只会让排名第三的老虎渔翁得利。即使争得第一的地位，也无法将笼子里的所有老虎全部打败、吃掉。为了生存，弱小的老虎也会组成群体，积聚力量。

因此，两三只强者最终形成了势力均衡的状态，一个绝对强者很难左右笼子里的一切，从而形成了较为稳定的局面。从食肉动物的角度来看，现实主义理论也似乎有其合理性。这种情况就如同晋、

---

[①] 现实主义理论的代表性著作中，根据出版时间，其内容有所不同，但这并不妨碍本书中寓言的基本模型的成立。有兴趣的读者可参考以下几本书：汉斯·摩根索《国家间政治——权利斗争与和平》，肯尼思·华尔兹《国际政治理论》，约翰·米尔斯海默《大国政治的悲剧》。本书主要关注的是华尔兹。

楚两强或者晋、楚再加上秦构成三强，如此一来，就形成了均势局面，春秋时代的历史也佐证了这一理论。

第二种强有力的理论是"自由主义理论"[①]。假设各笼子中并不仅仅有老虎，还有其他动物。羊、狐狸等很多动物都生活在一起，这时候笼子突然被打开了。那么会发生怎样的事情呢？首先，羊为了驱赶冬天的寒冷必定会成群结队，这是羊的特性。羊从哪个笼子出来并不重要，重要的是，它们一定会团结在一起。狐狸挖个洞以后，互相站岗放哨。面对这一切，老虎尤为高兴，因为食物种类增多了。

那么，由谁来维持秩序呢？在偌大的世界里，获得自由的动物们很自然地遵守着一定的秩序。牛吃较高的草，羊就吃较矮的草；猪生活在峡谷，羊就上山生活。食肉动物与食草动物混合居住的自然界，也再次印证了这一理论的合理性。超越国境线，贵族社会不断存续。仔细观察春秋时代在激烈征战中社会内部存在的各种合作关系，从中可知这一理论也似乎有一定合理性。

第三种理论是"马克思主义理论"[②]。这一理论假设笼子里有羊和老虎两种动物。在自然界，动物可分为食草动物和食肉动物，一方面，食肉动物必须吃食草动物才能继续生存。另一方面，食草动物虽养活食肉动物，但没有哪个食草动物愿意自发成为食肉动物

---

① 一些学者认为所谓的自由主义理论无法称为理论，是因为各种人聚集提出的理论尚无统一的说法。因此，这一寓言中的动物种类十分多样。但是，这些理论都受两个最伟大的思想家的影响。一个是德国哲学家康德（Immanuel Kant），他认为基于理性的世界范围内的合作，可以阻止战争的爆发。他提出了世界政府、永久和平等自由主义国际政治理论所追求的很多概念。另一个是市场经济理论教父亚当·斯密（Adam Smith）。他在《国富论》中提出了基于分工和合作的生产力发展理论，使人们对世界合作充满了期待。

② 在马克思主义国际关系理论领域，最具影响力的人物并非马克思，而是列宁。列宁的《帝国主义理论》不仅具备各优势理论带有的内在合理性、现实说服力，还提供了行动指南。

①现实主义理论

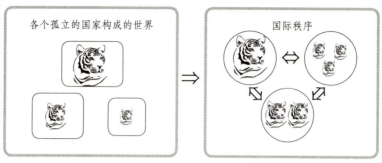

势力均衡，等级制度

②自由主义理论

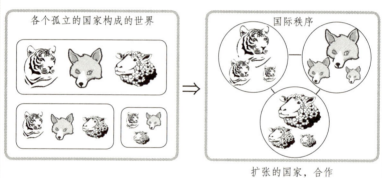

扩张的国家，合作

③马克思主义理论

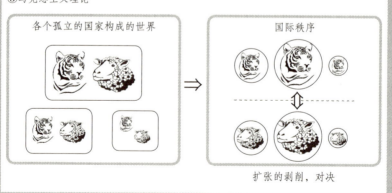

扩张的剥削，对决

用寓言故事阐释国际政治理论

的盘中餐。那么，一旦笼子被打开会发生怎样的事情呢？

冲出各个笼子的老虎会互相厮杀起来。它们厮杀的目的是为了捕捉更多的羊。老虎为了捕捉更多的羊而厮杀，这是没有终点的战斗。狡猾的老虎也会互相谈妥条件，从而分别抓捕羊群。如果世界上只存在羊和老虎，那么这场战争将永远无法终结。从理论上看，这场战争要想宣告结束，就必须有足够的羊。那么，这就成了只有羊的世界想要改变老虎统治的世界。因此，这一理论也被称为变革理论。

以上三种理论都有多种可能性，同时，很难区分三个理论的优劣。笼子里有多少只老虎、多少种食草动物，老虎和羊是否混居都是很难判断的。

## 4. 子产的强小国理论和战略

理论并不能完全解说每个现实，只能提供粗略的分析框架。因此，分析和解决现实问题的政治家经常会陷入困境。是应该废弃理论、完全着眼于现实，还是更加专注于理论而获得"慧眼"呢？

让我们从春秋战国时期小国执政者的立场，来思考一下政治关系理论。如果仅因现实和理论的偏离而抛弃理论的话，会发生什么事情呢？抛弃理论，政策就成了临时防范之策，而这种临时防范之策最终将导致当事国家不断遭受外敌入侵，甚至会不得已屈服。

可是，如果理论无法反映瞬息万变的现实，那么，应该怎样将理论应用到实践之中呢？敏锐的实践家在运用理论前，首先会明确战略目标。弱小国郑国的战略目标到底是什么呢？维护国家的生存是其最基本的前提。强国的侵略威胁国家生存，因此，郑国的第一大目标是不受外来侵略。第二大目标是最大限度地减少强国的剥削，即最大限度地减少进贡的数量，尽量减少被动员的次数。同时，还要思考以什么代价，换取减少进贡的数量和被动员的次数。最终目标就是打破现有的结构。郑国虽然无法成为强国，但可努力成为小国中的强国，即犹如刺猬一样厉害的国家。

老练的政治家会根据战略目标，灵活地运用理论。在战争中，不期待侥幸的司令官，会把世界视作是老虎们的角斗场。适用于战争的规则，是老虎们的规则。宋襄公曾经在战场上同情敌人，最后反倒一败涂地[①]。这说明在无限竞争的战场上，要运用现实主义理论。

可是，在发动战争前运用老虎的规则会怎样呢？别说是老虎，在连黄牛的实力都达不到的情况下，无条件地挑起战争的话，其结果只能是自掘坟墓。因为一个国家并非是由意见一致的人组成的集团，国内因战争而失大于得的人更多。有些人是从道德角度，或是从经济角度，或是从纯粹的生物学角度，为了保住身家性命而反对战争的。笔者本人手无缚鸡之力，必然会与反对战争的人站到一起，必然会去支持那些反对战争的势力所主张的道德、利益、生存诉求等。这样就会强调共同利益、相互依存等内容，这正是自由主义理论。因其执政目的是维护和平，所以无法忽视这一理论。

可是，如果我不是老虎而是羊的话，则不管何时都会成为老虎窥探的对象。构建一个"羊的天堂"，是不是就可以摆脱老虎的威胁呢？羊群齐心协力用羊角是否就能将老虎赶出这个笼子呢？实际上，羊不会为了走向天堂而联合起来，反倒会为了吃更多的草而形成竞争局面。为了构建"羊的天堂"，首先要保证羊达到某种程度的温饱，即不会互相争夺的程度。因此，执政者就要重视富饶和稳定。可是，随着羊越来越肥，就越有可能成为老虎的盘中餐。因此，执政者也会不断打磨羊角让其变得更加锋利。

---

① 宋襄公与楚国的泓水之战中，无视司马子鱼主张攻击正在渡河的敌人这一谏言，反而提出在敌人不具备正面攻击能力时，对其用兵是不合乎礼的无厘头主张，导致了宋国军队遭受灭顶之灾。

本书要介绍的子产并非理论家，而是政治家。只不过他基本掌握了前面所述的三种理论的核心内容。他非常熟练地运用各种理论，就算内忧外患同时摆在面前，他依旧非常沉着冷静地解决各种问题。郑国过去拆东墙补西墙的做法、自不量力的挑战以及根深蒂固的自卑感等，都随着子产的出现逐渐减少。尽管凭借郑国的国力很难抵御春秋战国时期汹涌而来的战争浪潮，但依靠子产不断推行内部改革，熟练地处理各诸侯国之间的关系，还有为尽量避免战争所做的各种努力，郑国俨然一副中兴局面。子产的做法，对此后的很多改革家、思想家都产生了很大影响。甚至，与其观点相左的人也很谦虚地向他学习，原因在于子产能够根据自身所处环境，灵活运用各种理论。儒家的鼻祖孔子曾称赞子产为"真正懂得爱的人"。批判儒家的韩非子也钦佩子产的严厉，还称他为法家的典范。

如果用动物比喻春秋时代的各国，那么，秦国就是为了从西方崛起而不断忍耐着的巨蟒，春秋的霸主晋国就是蜷缩在太行山的老虎；如果说楚国是号称王族之脉的熊罴，齐国就是尽管力气很大，但终归不是肉食动物的大黄牛。周天子和鲁国则是依靠周文王和周公的威望，在各个国家间保持均衡态势的狐狸。其他大部分国家，则是在愈加激烈的战争缝隙中战战兢兢的羊。最后登场的刺猬正是本书的主人公子产所在的郑国。

尽管子产作为主人公出现，但其实晋国的赵武和叔向、齐国的晏婴、楚国的伍举、鲁国的叔孙豹、宋的向戌和子罕等，也都是具有一定理论修养的人物。现在，就让我们再次回到主导当时政治舞台的各国贤臣的故事中，甄别他们到底都有哪些异同点。同时，也要看看他们在极其危急的情况下做出了哪些决策。

第 1 章

# 中原，人才的摇篮

## 1. 通往郑国之路

今天，如果想要理解历史上的"中原"，就一定要去郑州。郑州位于横贯东西南北的铁路交叉点，来往客商不断，十分拥挤。郑州现代化的建筑物背后，堆积着过去中原遗留下的重重印迹，无休止涌来的人潮、五颜六色的广告牌、与小轿车混杂的摩托车，让刚刚出站的人头晕目眩。

六年前，笔者为了换乘火车曾在郑州站下过车。候车的人充满了整个郑州站广场，人们倚靠着行李进行短暂的休息。如果天气稍凉，就很难在广场上休息了，不得不在附近寻找便宜的旅店。笔者与来自广东的朋友一同去便宜的旅店暂时休息，等候列车出发。

从郑州出发考察商朝都城遗址，你一定会被商朝初期磅礴的气势惊倒。厚厚的版筑痕迹依旧很明显，城墙的宽度甚至达到了一个车道的大小。商朝的人有可能认为自己是世界的中心。可是，从城墙上下来就会重新回到眼前的现实之中。笔者仿佛看到中原辉煌的过去早已烟消云散，只留下变得恍惚的、古老的中原模样。

因来往的路人众多而变得十分拥挤的郑州火车站

春秋时代郑国的都城新郑遗址

从郑州南下至新郑，就到达了春秋时代郑国的都城。沿着泥泞的道路，要走出郑州大概需要一个小时。然后，乘坐手扶拖拉机进入新郑还需要一个小时。但是，抵达新郑就能领略到小城镇特有的幽静了。缓慢地穿过市区，随后就抵达了郑韩古城。在这里，大白天也能听到吵闹的布谷鸟的叫声。茂密的带刺灌木丛让大家完全放弃了爬城的想法。穿过这片荆棘会有什么在等待我们呢？

## 2. 令人羡慕却多灾多难的土地——中原

中原的意思是位于中心的平原。生长在这里的人们自称为"中国人"，意为国家位于中心之人。地球是圆的，哪里有中心呢？古代的人们并不知道地球是圆的。因此，大部分人都认为自己生活的区域就是世界的中心。可是，位于黄河中游自称为中原人的部落，在与周边各个部落的战斗中逐渐崭露头角。西至洛水，从黄河与渭水的交汇之处向东至商朝的发源地商丘，南至三国之枭雄曹操的主要活动地许昌，北至商朝灭亡前的朝歌，最终形成了这一被称为中原的地区。

只是中原的繁荣未能维持长久。这是因为东西南北的各种文明也并不亚于中原文明，也具有较强的活力，这些文明汇聚于中原这一角逐场，难免俯仰进退，竞争激烈。春秋时代，西方的秦国、北方的晋国、南方的楚国、东方的齐国都希望能够占据中原。相当长的一段时间内，黄河流水不断给下游运来黄土，为人类造就了沃土，同时，这里地理位置优越，交通四通八达，很多为政者哪怕并未出生于这片土地，也有占据的想法。

周朝以来，大部分统治中原之人的政权基础并不在中原。周朝、秦朝都是从关中起家；汉朝是楚地的反秦势力起义，并最终占据了旧晋国的势力范围后建立的；曹操的魏国始于山东的叛乱军，鲜卑族的魏国发源于太行山北侧；隋朝和唐朝也都是始于北方；元朝始于蒙古大草原；明朝始于南方的长江流域；清朝则始于东北地区的女真族。除了小国以外，周朝以后的政权，基础始于中原的只有赵匡胤创立的宋朝。尽管这些王朝并不始于中原，但它们依旧将中原视作中转站或最终目的地。

在这一地区，也曾出现过没落的政权势力退缩至中原的情况。周朝国力衰弱后，避居于中原西侧的洛阳。由此，春秋战国拉开了序幕。汉朝国力衰退后，迁都至洛阳。但是，中原是一个没有实力就无法持续占据的地区。相反，有实力就会完全不同。曹操的最初目标就是占据中原，对郑国的古城尤其感兴趣。另外，中原是难守易攻的地区，可是，充满自信的人只对如何扩张感兴趣。曹操以后，统一北方的鲜卑族北魏政权也将中原作为了最终目的地，因此，迁都至洛阳。还有，北方少数民族政权北周的杨坚在关中建立隋朝后，立即将视线转向了东方。因为收复洛阳就意味着可以占据开垦多年、物产丰富的东南地区。同样始于北方占据关中的唐朝也将洛阳定为第二都城。唐朝覆没后，经历了五代十国的混乱期，宋朝在中原建立政权也实非难事。可是，中原时代因元朝的出现而宣告结束。因为，作为财富的聚集地，江南比中原要合适得多。

古代野心家们的梦想是身始于别处，却愿居于中原。曹操毫不掩饰地实现了这一梦想。因来自东西南北的野心家都以中原为目标，所以，中原地区经常是战争的主要舞台。

春秋战国时期，所谓中原中的中原，正是今天郑州至许昌的郑国旧址。郑国桓公和武公为了躲避西周至东周交替时期的混乱，将领土开拓至四通八达的要地。因此，春秋时代，郑国成为各诸侯国之中非常引人注目的国家之一。

只是这种繁荣并未持久。随着东西南北都出现了强者之后，与衰微不振的周朝王室具有密切联系的郑国，在周王室与新兴强国之间处于非常尴尬、艰难的境地。春秋时代霸主们虽然可以占领郑国，但无法消灭这个与周王室关系密切的国家，因为要承受较大压力。郑国虽然没什么实力，但自尊心高得不亚于周王室，无法仅仅通过强硬的手段就使郑国屈服。就算让郑国屈服，坚守住这个四通八达的要地也绝非易事。因此，只能运用各种方式，用尽一切办法让这个不幸的弱者变为自己的同伙。

那么，在中原地区到底发生了多少次战争呢？可以说，春秋时代争夺霸主地位的战争，郑国没有介入过。崤山之战是秦国为了占据郑国而引发的战争；邲之战和鄢陵之战是晋国和楚国为了争夺郑国爆发的战争；战国时代的战争基本上都是三晋（韩、魏、赵）为了阻挠秦国东进而爆发的战争。然而，三晋的两大势力韩、魏的联军在中原的西侧关口伊阙（现洛阳南部）败于秦国，形势发生了大逆转。中原的西侧关口陷落以后，占据郑国旧址的韩国也被大兵压境，只能向赵国求援。赵国为了坚守中原，在上党与秦国开战，史上称为长平之战。长平之战发生在太行山山谷里，其爆发原因是：不希望

中原的心脏——嵩山

9

丧失中原的韩国四面楚歌、孤立无援，与秦国扫除进入中原的障碍，并建立统一帝国的勃勃野心相冲突。

在统一帝国的概念形成以后，有了一个说法，即"得中原者得天下"。秦国虽然夺取了中原，但未能守住中原。由此，项羽和刘邦分割了秦朝并在中原相遇，决战的地点正是成皋（现荥阳西北）。光武帝刘秀的昆阳之战，后汉末曹操的官渡之战也发生在中原。中国哪一处疆土都经历过数次战争，但都无法与春秋战国时期的郑国旧址相比，其经历的战争次数之多，多到难以计数。

## 3. 中原大地人才辈出——子产及其后人

郑国旧址是现河南省的核心地区。从古至今，中原一直是庞大的人口流出地。战国时代，在秦国统一大业中立下汗马功劳的商鞅、张仪、李斯都出自中原。另外，法家、游说家（纵横家）一派的韩非子和苏秦也出自中原。

人们通常会说商鞅等法家的改革，张仪和范雎等门客的贡献，使秦国成为战国末期的最强者。当然，秦国的军事实力是决定成败的最关键因素，但无法否认的是，政客们发动的变法自强运动、门客们活跃的外交活动也起到了比较重要的作用。这些人全都出自中原。他们出生于弱小国家，深知弱者的悲哀，因此很清楚天下外交和内政改革的重要性。他们将从中原体悟到的政治技能在西方的秦国施展。对于异乡人来讲，温柔的秦国非常适合他们施展才华。

不过，为这些后辈们施展才华打下良好理论基础的人正是郑国的子产。好似龙虎一决雌雄一般，苏秦和张仪的论争；韩非子寸铁杀人的比喻和法家哲学；具有远见的李斯的政治洞察力：都来自子产的理论。他们都欠其前辈子产一个人情。

子产这个人物之所以能够留下丰富的政治业绩，主要是因为郑国具有地缘政治意义的地理位置。在强国不断外侵和纳贡的压迫下，为了生存下去，弱者领悟到了自己的生存法则。弱者的生存法则有以下两个：

其一，弱者要比强者更敏锐地发觉各国关系的变化。要应对强者需要具备能言善辩的能力。例如：子产未经霸主晋国的允许，攻打了不断侵扰郑国的陈国，事后以能言善辩的能力，避免了晋国的问责。

孔子如此评价子产应对外交事务的能言善辩：

> 志有之，言以足志，文以足言。不言，谁知其志？言之无文，行而不远。晋为伯，郑入陈，非文辞，不为功。慎辞哉！
>
> ——《左传·襄公二十五年》

可是，孔子在别处却发表了与此截然相反的言论。有人说孔门弟子子雍是一个仁人，可惜没有口才。对此，子曰：

> 焉用佞？御人以口给，屡憎于人。
>
> ——《论语·公冶长》

孔子认为子产是具有远大志向的人，其表达志向的手段之一是"无佞之意"，这是在争辩中获胜的一种手段。有志者一定要有条理地表达志向。张仪、苏秦等也继承了子产的能言善辩。

其二，弱者为了变得强大，必须采取比强者更加严厉的手段。其严厉手段指的正是法。子产在强国的压迫下仍坚持推行了改革。他制定了春秋时代的第一个成文法典，然后向国民推行了这一法典，成为法家思想的源头。依据春秋时代的标准，子产在执行法典内容方面是非常严厉的。他给后人留下了这样一段遗言，《韩非子》里曾这样记载：

火形严，故人鲜灼；水形懦，故人多溺。子必严子之
形，无令溺子之懦。

一言以蔽之，严酷的法律才能帮助人们。商鞅、韩非子、李斯
等都继承了子产的法家学说。

然而，苏秦、张仪、商鞅、韩非子、李斯等和子产有一个根本
的不同之处，那就是他们的死。苏秦遭到贵族的憎恶被暗杀；张仪遭
到秦国朝廷的憎恶，被驱赶至魏国而死；商鞅因自己制定的严酷法律
而死；韩非子因朋友李斯的陷害而死；李斯则惨死在神化的皇帝手里。

有深度、有条理的"文"与浅显像样的"佞"，表面上好似无任
何差异；严格的正法与严酷的邪法，表面上看似无任何差异。子产在
后继者的担忧和尊敬之中离开人世，可是，他的后辈们尽管获得了
名声，却都死于非命。子产之所以能够安稳地度过人生，其原因在
于坚守了春秋贵族的品格，即坚守了最初儒家的人生观。苏秦、张
仪混淆了真实和虚假的事实；商鞅借用法追求了权宜之计；韩非子将
人视为工具；李斯对下面的民众严酷，却阿谀奉承当权者。因此，他
们都没有善终。

法家和纵横家（游说家）为了达到目的，都曾不择手段地威胁
他人。疼痛是相同的，但这种鞭策是出自爱还是出自憎恶，不懂事
的孩童也能分辨清楚。为了维护自身所属阶级的利益，子产和他的
后人们都挥舞了鞭子，但子产怀有万般无奈之情，相反，其后辈却
怀着凶狠之情。子产尽管严格，却非常仁慈。孔子多次强调了子产
的仁慈。

子谓子产："有君子之道四焉：其行己也恭，其事上也敬，
其养民也惠，其使民也义。"

——《论语·公冶长》

**孔子（左图）和宋刻本《论语》（右图）**　孔子视子产为师表，《论语》各处都表露着对他的羡慕之情。

> 或问子产。子曰："惠人也。"
>
> ——《论语·宪问》

　　子产曾被孔子视为师表，直到今天也有充足的实力，成为众人的师表。那么，让我们回到激动人心的春秋末期，去了解和感受子产这个政治家的魅力吧！

第 2 章

# 两极体制的最后一朵火花

公元前 5 世纪中期，子产出现之前，晋国与楚国的两极体制正如将要燃尽的蜡烛一般。尽管如此，两极体制却并不会瞬间崩塌，当时也没有能够代替这一体制的第三方力量。因此，预测到两极体制即将崩塌的各国都在最大限度地争夺实际利益，晋、楚两国也自不必说。因此，有时反而更加会让人觉得两极体制变得坚不可摧。总之，历史进入了过渡期，在这个过渡期内，跻身强国间的郑国经历了各种苦难。

## 1. 春秋时代的"拿破仑"——晋悼公的出现

晋国在鄢陵之战取得胜利以后，再次稳固了霸主地位。尽管表面上显露威严，但其内部却十分虚弱。胜利后，晋厉公驱赶了郤氏，最终遭到栾氏的反击而被杀。尽管晋国直到这一时期还是霸权国，但其支配层内部依旧存在各种矛盾和纠葛。怎样解决这一纠葛，成为决定晋国霸权地位的关键。这时，出现了一位看上去可以拯救这只行将老去的老虎的君主——晋悼公。

公元前573年正月，晋国卿大夫为了迎接刚刚即位的新君主而赶赴清原。为了代替被以栾书为首的世族杀害的晋厉公，在周公室的公孙周回到了晋国。

孤始愿不及此。虽及此，岂非天乎！抑人之求君，使出命也，立而不从，将安用君？二三子用我今日，否亦今日，共而从君，神之所福也。

——《左传·成公十八年①》

孤之不元，废也，其谁怨？元而以虐奉之，二三子之制也。若欲奉元以济大义，将在今日；若欲暴虐以离百姓，反易民常，亦在今日。图之进退，愿由今日。

——《国语·晋语》

晋悼公很早之前就流亡于外，国内政治基础薄弱，现在又经历了君主被害，在这种形势下即位，还是威风凛凛，理直气壮。在这种唐突的提议下，各卿大夫们都摇头晃脑，栾书可能冒了最多的汗。

卿大夫回答说："君镇抚群臣而大庇荫之，无乃不堪君训而陷于大戮，以烦刑、史，辱君之允令，敢不承业。"

此后，群臣带着盟约到都城迎接新君主。一国君主和大臣之间也需要这种盟约，正说明了国内形势的不稳定。由此，晋国进入了一种君主与卿大夫间的契约体制。可是，卿大夫们似乎尚未完全领会到略带谦虚态度的新君实力。这位新君主具有继承并实现春秋霸业的实力，就像他的祖上晋文公一样。

公元前6世纪前期，晋国的实力在迅速弱化。可是，天下尚无能够对抗晋国的国家。晋国在鄢之战败于楚国，尽管有部分国家向晋国提出挑战，但结果都不甚理想。毕竟，年迈的老虎依旧是老虎。

晋国最大问题在于内部形势。各大家族的势力版图不断重组，君主为实现自身利益最大化，也加入到这种版图重组之中。由此，互相谋杀和被杀的事情不断发生。

下面简单回顾一下晋国世族的兴亡史。首先，帮助晋文公即位

---

① 今后引用的大部分参考书目都将标注，但《左传》将省略。因为这一时期大部分内容都引自《左传》，其他辅助史料都直接引自《左传》。因此，为了方便读者阅读，除了有必要标注的情况以外，引自《左传》原典的都将不做标记。

的最大功臣狐偃家族，因涉嫌参与狐堰之子狐射姑发动的暴乱，第二代就沦为弱势家族。其次，晋文公的谋士，在崤山之战取得胜利的最大功臣先轸的后代，一直在军事领域具有强大的影响力。可是，在邲之战败北后，因先縠强行横跨黄河导致大败，其威望一落千丈，随着先縠以引入外国军队的罪名被判死刑，先氏家族也开始衰落下去。此后，郤芮的后代非常勇猛，在鄢陵之战中大败楚国，而立下汗马功劳的郤氏却受到栾氏家族的打压，被诬陷叛乱而遭到灭门之灾。郤氏家产之大，几乎达到晋国公室一半之规模。

因此，在这种集团统治体制下，在激烈的权力争夺中幸存的大家族只有栾氏、魏氏、荀氏（中行氏、智氏都是荀氏的支派）、士氏、韩氏、赵氏等。邲之战之后，晋国的最大世族赵氏家族受到重创，赵盾的儿子们接连被杀害，尽管赵氏孤儿有幸逃过一劫，却很难再恢复赵盾时期的富贵荣华。

## 2. 晋悼公的改革

晋国的政权内部又将发生怎样的变化？晋国的内政对天下产生了怎样的影响？晋悼公非常清楚怎样强化微弱的君权。不引起最大世族栾氏的反感并控制其势力，也不帮助各个世族中某一世族变得过强以致威胁君权反倒是当前面临的重大问题。

然而，如果与被杀的晋厉公采取相同的拳头式方法，并不能巩固君权，反倒会助长混乱局面的形成。处于这种不稳定的势力均衡的形势下，作为国家的统治者——君主，为了独立，有必要采取适度的正面突围的方法、时机及战略。当时，晋悼公的灵魂深处驻扎着一位拿破仑似的人物。在谁都无法掌握主导权的情况下，他却显露出与拿破仑相似的机敏的政治能力。①

　　晋悼公的正面突围法大致可分为两个阶段。

## 博取民心

　　他意识到与贵族相比，博取民心的重要性。因此，他对百姓推行了广泛的救恤、赦免以及减免赋税的政策。乍一听，这些政策好像没什么区别，但每个政策都有各自不同的目标。同时，新政策又绝不能给贵族们提供反对的口实。

　　对晋悼公推行的政策，史料记载如下：

> 定百事，立百官，育门子，选贤良，兴旧族，出滞赏，毕故刑，赦囚系，宥间罪，荐积德，逮鳏寡，振废淹，养老幼，恤孤疾，年过七十，公亲见之，称曰王父。
>
> ——《国语》

《左传》还追加了若干条记录：

> 始命百官，施舍已责，逮鳏寡，振废滞……薄赋敛，节器用，时用民。

　　在鄢陵之战爆发前，贤臣士燮曾这样说②：晋国的大家族位于法

---

① 拿破仑在法国大革命中第一次作为革命人物登上历史舞台。可是，他在以军队镇压起义的同时，成为资本主义政权的守护者，结果发展为军事独裁者。因此，在经历了急剧的势力变化、新的秩序还未形成之时，灵敏地抓住机会并主导势力变化的行为被称为"拿破仑主义"。

② 鄢陵之战后，士燮曾痛斥道："现在晋国的时局是谋害中间阶层的罪人的斧头刀锋过钝，而斩杀大罪人的大斧头却干脆不用了。"他指出晋国的司法权并不能指向地位显赫的贵族，只能将没有势力的人当作牺牲品。

律之上，用法欺压小家族和惩罚那些犯了小罪的人。因此，现在获刑之人大部分是在与大家族的争夺战中的败北者、负债者，当然也包括与他们争夺土地的失败者。其实，这些人都是下级士人。晋悼公首先采取了赢取下级士人欢心的政策。然后，又面向普通老百姓实施救恤政策，从底层开始博取民心。

## 任用新人

博取民心后，悼公开始宣布依据能力和原则任用人才。当然，这一目的肯定隐藏着要强化君权的政治策略及谋划。他首先从实力衰退的赵氏家族和魏氏家族聘用人才，以此填补郤氏的空白，也牵制了栾氏家族的过度膨胀。之后，宣布大规模任用新人。

首先，他选用了赵氏家族的赵武为卿。赵武是个非常谨慎的人，是决不会发动政变的。其次，任用了魏犨以来未形成大势力的魏氏人才。他在任用吕锜（吕是魏氏家族的封地）的儿子吕相为军队队长时，曾这样说："在邲之战中，吕锜抓了楚国公子榖臣，还杀了连尹襄老。他用榖臣和连尹的尸体换回了智罃。在鄢陵之战中，他与楚共王正面交锋并取得胜利。可是，他的子孙却一直未能获得重用。因此，必须重用他的子孙。"

然后，在任用主和派的代表人物——历代未参与任何内乱的士氏家门人才时，他又这样讲道："士鲂是范武子的儿子，也是范文子的兄弟。范武子广布法令并稳定晋国的局势，范文子倾注毕生心力稳定了诸侯们，直到现在，晋国都受益匪浅。因此，决不能忘记这两人的功劳。"

所以，他任命士鲂为新军的队长。他还命令魏犨的孙子、魏果的儿子魏颉辅佐士鲂。此后，高度称赞士氏家族士贞子（又称士贞伯）的学问，让其担任太傅之职。另外，还任命了非世族出身，不看世族脸色的祁奚为中军尉。

此次人事任免的核心可以说是任用魏绛（魏庄子）。魏绛是魏犨的儿子，在晋悼公时代外交军事的核心政策都出自他。尤其是，他支持赵武，这也为赵武成长为晋国的执政官起到了决定性作用。

由此，下军和新军的主将任命魏氏和士氏，中军参谋长由魏氏担任。此外，重要职位聘用了非大世族出身的人才。被选聘为各上军尉和上军司马的铎遏寇、籍偃等是突出代表。

在此次人事变动中，中军、下军、上军、新军的核心要职都被以往权力斗争中衰退家族或非大家族出身的人士所占据，任何人都能看出这种变化。尉是军队的宪兵队长，司马相当于参谋长。晋悼公安插自己的人担任中军和上军的参谋长以及宪兵队长，下军和新军的首长也安排自己的人担任。

他没有给每个军队的首长单独指派抬轿子的人，反倒新设了尉这一官职，且由君主直接任命，这就相应削弱了担任各军队队长之职——卿的独立性。晋悼公通过这种方式降低了卿大夫的权威。

晋国现有的大家族被晋悼公的果断行事方式吓到了。不过，因为此次人事任免有一个明确的原则，因而各大世族也不能轻易介入进行干扰。同时，晋悼公以迅雷不及掩耳之势完成了这一人事任免，也没有给大世族抵制的时间。他正如拿破仑一般，用机敏、果断的行动，凭借世族间势力均衡的空隙掌握了主导权，以至于各大世族都未能做出任何反应。


## 3. 稳定后方，压迫前方

传统上，晋国只有出现可以均衡处理后方（戎狄）和前方（秦、楚）两者关系的君主时，国家政局才能趋向稳定。晋国霸权衰退时，其主张是稳定后方。晋悼公也为了稳定后方并防止霸权的进一步衰退，交由魏绛去履行这一任务。

魏绛是一个非常耿直的人。晋悼公三年，晋国在鸡泽召集各诸侯国会盟。可是，在曲梁发生了晋悼公的弟弟杨干紊乱军纪的事情。魏绛立即处死了杨干的下人。对这件事，晋悼公对羊舌赤说："召集各诸侯国会盟，本是我国的荣耀。可是，惩罚寡人之弟让寡人备受耻辱，寡人决不能饶恕魏绛，要杀死他！"

羊舌赤答道："魏绛是一片赤诚。辅佐君主决不能逃避棘手难题，他不是害怕处罚而逃跑的人物。他一定会向君主表达歉意的，何必再下令，显得多此一举呢？"

话音刚落，魏绛送来事件报告书，并表示要以自尽承担罪责。士鲂和长老忙上前劝解。报告书这样写道：

> 日君之使，使臣斯司马。臣闻"师众以顺为武，军事有死无犯为敬。"君合诸侯，臣敢不敬？君师不武，执事不敬，罪莫大焉。臣惧其死，以及杨干，无所逃罪。不能致训，至于用钺，臣之罪重，敢有不从，以怒君心？请归死于司寇。
>
> ——《左传·襄公三年》

说罢，魏绛就要自尽，晋悼公光着脚跑出来说："寡人的话，是出于对兄弟的友爱；大夫杀杨干，是按军法从事。寡人有弟弟，没有能够教导他，而让他触犯了军令，这是寡人的过错。大夫不要加重寡人的过错，谨以此作为请求。"

晋悼公明白了魏绛乃是不可多得的人才，因而，大摆筵席任命其为新军部长，这可谓是直线升迁。重用魏绛也确实取得了立竿见影的效果。魏绛非常清楚怎样才能让晋国成为霸主。

公元前 569 年，戎狄无终国的国王嘉父派遣使者进献有纹彩的虎豹毛皮，请求晋国与各戎狄签订合议。久居周王室的悼公也重复了周王室经常挂在嘴边的话："戎狄无仁爱之心，仅存贪欲之心，讨伐胜于和亲。"

难道戎狄真的只有贪欲之心吗？魏绛是一个现实主义者，他敲打了偏执的晋悼公。

"各诸侯国又重新开始服从我国，陈也再次提出和议的要求，都在观察我们的动态。如果我国有德行，他们就会俯首帖耳；如不然，他们就将怀有二心。攻打戎狄大伤元气，无法援助遭楚国侵扰的陈国。那么，就与失去刚刚得到的陈国相同。尽管戎狄好似禽兽，但不能为了攻击戎狄而舍弃华夏呀！"

悼公问："那么，与戎狄和议才更为妥当？"

魏绛答道："与戎狄和议有五大优势。首先，他们驯养家畜要随着草地游走，因而不重视土地，反而重视钱财。因此，可以从他们手里购买土地。第二，保障了边境稳定，百姓们可以专心从事耕作，提高农业产量。第三，戎狄服从我国，周边各国会非常担忧，各诸侯国将不得不俯首称臣。第四，以德稳定戎狄，大可不必动用武力，不伤一兵一卒。第五，历史上有随意使用武力，而导致国家灭亡的后羿这个例子，应该以史为鉴。以德服人，远处的国家也前来服从，周边各国也会得到稳定。请君主明察！"

悼公于是非常高兴地答应与戎狄和议，派魏绛前去处理一切事宜。晋国因与戎狄各族结下同盟关系，使得社会地位不断上升。众所周知，戎狄在很久之前就一直是晋国的雇佣兵。这么勇猛的北方民族与晋国站到一起，这一事实本身就已经让周边各国感受到了极大的威胁。


## 4. 楚国的反击——惩罚陈国

晋悼公通过实施一系列改革，不仅革新了政治，还平定了北方的戎狄，再次恢复了晋国的霸主地位，同时，也向楚国的盟国郑国展开了攻势。随着晋国开始恢复霸主地位，之前臣服于楚国的各国又相继投靠晋国。可是，霸主晋国的行动也仍旧非常慎重。经历了两次关系到国内外安全的战争，更加明确了这一点。楚国在鄢陵之战败北后，尽管不再随意向晋国提出挑战，但依旧对中原的郑国、陈国等构成了极大的威胁。

这一时期，陈国认为楚国无法与晋国匹敌，因而冒险背弃了侍奉多年的楚国，投靠了晋国。不过，陈国很快就遭到了楚国的惩罚。陈国的这个教训也给许多弱小国家提供了前车之鉴。

子辛成为楚国令尹后，非常贪心，计划攻打周边的小国。不安的陈国发誓要背弃楚国，投靠晋国。这一时期，陈国和楚国都处于摇摆不定的状态。这些小国认为楚国鄢陵之战大败，还败给了吴国，认定其国力已经衰弱，就先后投靠了晋国。

陈国一背叛，楚国立即意识到了问题的严重性。首先，派军队驻扎在陈国附近的繁阳，宣示武力，以示警诫。陈国拿出身家性命做出了极其危险的选择。可是，作为保护者的晋国却与陈国想法略有不同。当时，晋国的中军队长韩厥对这一情况表示十分担忧。他在朝廷上表露了这种担忧："周武王带领已背叛商朝的各国依旧臣服于纣王，是因为时机尚不成熟。我们如果违反这个道理，带领陈国去攻击楚国并非易事。"

可以说，陈国是一厢情愿地寄希望于晋国。然而，楚国虽然丧失了楚庄王时期的威望，但还不至于到了连一个陈国都无法处置的地步。幸运的是，当楚国要进攻并惩罚陈国之时，陈国君主驾薨。楚国遵守了不进攻办丧事国家的礼法而引兵退去。对此，眼光敏锐的鲁国臧武仲慨叹道："陈国如若不服从楚国，其国必亡。大国这样严格遵守礼法，还不服从，即使是大国也要负起责任，何况小国乎？"

楚国暂时对背叛者采取放任不管的政策。这是因为吴国的举动非同寻常。吴国为了牵制楚国，于公元前568年向晋国派遣使者，正式通报各诸侯国出席会盟，鲁国和卫国事前已经达成了和议。对于楚国而言，友好邻邦纷纷离去，宿敌吴国与晋国联合起来威胁自己的边境，情急之下，楚共王为了再次拉回友好邻邦，将令尹子辛当作替罪羊，处死了他。

此后，他辩解道："陈国背叛楚国完全源自令尹子辛的贪欲。"

此后，子囊成为楚国的令尹。子囊是极力反对鄢陵之战的主和派代表人物之一，作战时其反应极其敏捷。他如果适逢贤明君主，必是与前代传说中的令尹孙叔敖相媲美的人物。子囊成为令尹后，晋国的士匄（范宣子）这样说："我们必将丧失陈国。楚国因陈国背叛的事情，将令尹更换为子囊。子囊必将改变以往的方式，迅速攻打陈国，陈国与楚国距离非常近，受到攻击后朝令夕改的事情必然发生，陈国怎能不向楚国投降呢？拉陈国入伙显然不可行，还不如不拉。"

由此可知，情况危急时，晋国决策者就会首先想到放弃陈国。正如士匄所料，秋收结束后，子囊便带领军队急速攻入陈国。这次在诸侯联合军的抵御下保住了陈国。可是，第二年秋收后，子囊再次带兵闯入陈国。这个百战老将以不耽误农时为前提，不断发动对陈国的战争。随着陈国的背叛，南部的蔡国也表现出犹豫观望、首鼠两端的态度，加之受吴国的牵制，楚国的威信一落千丈，因此，楚国绝对无法容忍家门口发生的背叛行为。

子囊非常执着，这次他包围了陈国的都城。各诸侯国为了救陈国，于郑国的鄬进行了会盟。在这次会盟中，霸主晋悼公及宋、卫等国君主相聚于此。与晋国有一定地理距离的齐国并未参与此次会盟。

陈国哀公为了向各诸侯国求助，参与会盟时，可谓是坐立不安。都城被包围，宗庙社稷危在旦夕。然而，作为霸主的晋国司令官却随时都有可能放弃战争。

这时，陈国内部为了与楚国达成和解，制造了小的阴谋。陈国庆虎向楚国提出"请拘留公子黄"的建议，然后，向陈哀公送去急报道："楚国抓了公子黄，君主如不立即回国，君臣不忍宗庙社稷的覆没，恐怕要有二心。"

一言以蔽之，公子和君主都不在国内，恐怕国民要另立新的君主。听罢，陈哀公偷偷逃离了会盟之地，逃回国内，并立即向楚国哀求和议事宜。陈国都城只要再被包围几个月，就无法继续支撑下去。这是挑衅近处大国所产生的后果。因此，小国总是找不到主心骨，在晋、楚两国之间摇摆不定，仿佛在危险地走钢丝。其中，陈国应该算是最惨的一个例子。

第 3 章

# 子产登场之前的内忧外患

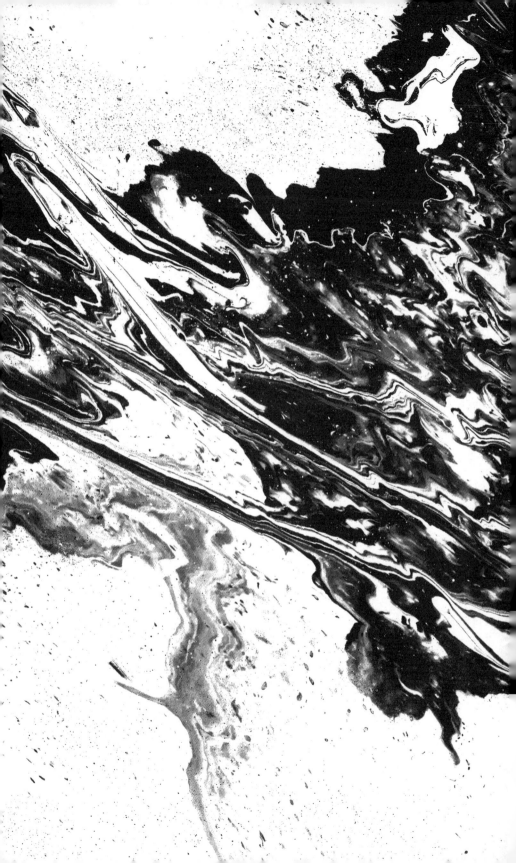

让我们一起前往主人公所在的国家郑国。人们通常认为，有实力才会有和平，所以所有人都渴望拥有实力。只有拥有强大的实力，才能游刃有余地应对别国的武力；只有拥有强大的实力，才能在制定游戏规则时有更大的发言权。①

那么，只要有了实力就能保障和平与稳定吗？没有实力的国家最终都会灭亡吗？让我们一起走进作为弱国的郑国，看一看在子产登场之前，这个国家所处的混乱局面。

① 参考肯尼思·华尔兹，《国际政治理论》第9章。

## 1. 轻如鸿毛的君主遗言

　　鄢陵之战后，实力的天平再次向战胜国晋国倾斜。两年之后，即公元前 571 年，晋国率领各诸侯国的军队攻打楚国的友邦郑国。为援助郑国，楚国进攻宋国以分散诸侯国军队的精力，郑国也进而攻打宋国以扭转局势。就在北方众多的诸侯国军队与郑楚联盟对峙期间，郑成公离世。他得病期间，子驷劝谏说为了避免战争暂时先依附晋国。郑成公临死前这样嘱咐道："楚共公因为我们国家的事情，眼睛被箭射中，不是因为别人，而是因为寡人啊。如果背叛了他，就等于是背弃了人家的功劳和我们的誓言，那么还有谁会与我们亲近呢？要使寡人免于过错，就看你们几位了。"

　　依附实力渐衰的楚国，战争就要持续下去；依附晋国，又会违背君主的遗言。郑成公死后，由郑穆公的后代子罕、子驷、子国等人担任执政和司马，行使国家职权。此时，有许多大夫提议依附晋国以避免战争，对此，执政子驷拒绝道："国君的命令不能改变。"

　　但是，眼下并没有能够解决问题的办法。作为晋国的主力部队，诸侯联合军已经在虎牢筑城威胁郑国。提议攻打郑国的是鲁国。在虎牢筑城相当于把猎物逼进山洞，守在洞口提枪以待。虎牢是连接中原东西部的交通要塞，现在连接洛阳与开封的高速公路就从此经过；战国时代，六国更是依据虎牢的要塞位置与秦国对抗。如果虎牢被阻，前往周国的道路就会被截断，那么北部的晋国就能放心大胆地渡过黄河，用不了几天就能攻破郑国国都新郑。

自从诸侯联军在虎牢筑城开始，郑国的执政大臣们就陷入了恐慌，虽然有君主的遗言，但是在想不出任何对策的情况下，他们最终选择投降晋国。死去的君主的命令不过一天就被抛诸脑后，子驷之前的豪言壮语也烟消云散。

就在郑国屈服于晋国的武力威胁之际，郑国的同盟国楚国正忙于与吴国作战。在郑国投降几个月之后，楚国的令尹子重仍旧在前线与吴国对抗，在战争初期，他取得了几次胜利，之后就命令战车三百辆与步兵三千名进攻吴国，自己先返回国都提前庆祝胜利。然而，三天后，楚国的精锐部队遭遇埋伏，大败于吴，只有几百名将士死里逃生。接到战报，子重难忍耻辱，最终患病身亡，申公巫臣曾预言子重将会死于战场的诅咒真的应验了[①]。事已至此，楚国便不再打算继续支援郑国了。

郑国信誓旦旦地说会遵守先王的遗言，但是很快就背弃了。陈国对外宣传要解盟，最终也以失败告终。这都是他们没有实力的缘故。

## 2. 狐狸的生存之道

没有实力，就没有避免战争的办法了吗？与郑国形成鲜明对比

---

[①] 申公巫臣逃亡到晋国，楚国的名门之后子重和子反诛杀了巫臣遗留在楚国的家族成员，没收了他们的家产。因此，巫臣诅咒他们说："我一定会让你们死在战场上。"巫臣派儿子前往吴国，增强其军事力量，由此，吴国逐渐成了楚国的眼中钉。

的是，鲁国却自有一套独特的生存之道。鲁国的生存之道也折射出了其他弱小国家的无谋。

郑国和陈国进退两难之际，夹在老虎（晋国）与黄鼠狼（齐国）之间的一只狐狸（鲁国），却靠着独特的方式得以存活。春秋时代的天下政治当中，如狐狸一般机智狡猾的国家有两个，一个是宗主国周国，另一个是以延续宗主国文化为傲的鲁国，它们随时都会拿出"礼"这张王牌。鲁国的政治家孔子推崇周公，宣扬周礼，周游列国。尊崇弘扬儒学一直是鲁国的传统。在风云突变的天下形势当中，鲁国凭借着"礼"得以存活下来。

### 逼迫郑国

孔子之所以说"巧言令色鲜矣仁"，大概是因为鲁国的政治家当中，有不少这样的人吧。实际上，鲁国的政治家们的确巧舌如簧，在为逼压郑国于戚地召开的会盟当中，鲁国的仲孙蔑对晋国的中军元帅知罃说："请在虎牢筑城以逼迫郑国。"知罃听了非常高兴地回答："好主意。鄬地的会盟，大夫可能听到了齐国崔杼的一些不平之辞。这次的会盟他没来参加。滕国、薛国、小邾国也没有来，这都是齐国的缘故。寡君（指晋悼公）的忧虑不仅在于郑国，还在于齐国。我准备向寡君请命让齐国来筑城，如果得到允许，那么这是大夫的功劳。如果得不到允许，那么就准备攻打齐国。大夫的请求，是所有诸侯的福气，怎么能只让我国受惠呢？"

听到这些话的齐国不得不派遣劳力前来筑城，他们对于假借老虎威风的狐狸毫无办法。

### 怎么能不再三答拜呢？

就在晋楚两国因为郑国展开心理战之际，鲁国的叔孙豹出使晋国，再次显示了鲁国使臣特有的口才。鲁国与晋国当前利害一致，所以关系很好。晋悼公设宴招待叔孙豹，乐师演唱乐曲。乐师演唱的是《诗经·九夏》<sup>①</sup>的第二段到第四段的三段曲目，以及《大雅·文王》中的三曲和《小雅·鹿鸣》中的三曲。但在演唱《九夏》和《文王》的歌曲时，叔孙豹没有答拜，而听到《鹿鸣》三曲时，每唱一曲，就答拜一次。

看到叔孙豹在听《九夏》和《文王》等大乐的时候纹丝不动，反而在演唱小曲的时候致礼，韩厥颇为疑惑，因为在当时，鲁国正是以礼仪之国而闻名的。于是，韩厥派本国负责接待事务的官员前去问道："大人奉君主的命令，好不容易出使我国，可是大人在演奏重大乐曲时不行礼，反而在演奏小乐时行礼，请问这是什么缘故呢？"

叔孙豹回答说："《九夏》的'三夏'是天子为诸侯的首领演奏的歌曲，臣怎敢在此时答拜？《文王》是两个国家的君主会面时演奏的曲目，也不是臣应该答拜的乐曲。而《鹿鸣》是贵国君主嘉奖寡君的，臣怎么能不拜谢呢？《四牡》表达的是贵国君主对使臣的慰劳之情，臣又怎么能不拜谢呢？《皇皇者华》是君主告诫使臣'一定要向忠信之人请教问询'。臣听说，询问善人称为'谘'，询问亲近的人称为'询'，询问礼仪称为'度'，询问事情称为'诹'，询问难处称为'谋'，臣得到了这五善，怎么能不再三答拜呢？"

这实乃是一个外交高手的有意之举。虽然谈论的是鲜有人知的礼节，但实际却在无形之中对当时的霸主晋国表达了敬意，抬高了晋国的地位。以自己没有资格听大乐以表谦逊，同时，还对晋国的韩厥询问礼节的这一举动表示感谢。下面再来看他答拜的那些诗的内容。

鹿鸣，即"鹿的鸣叫"。最后一段是这样的：

　　呦呦鹿鸣，食野之芩。

①　这首歌出自《周礼·春宫》里"钟师"当中的名字。根据郑玄的《周礼注》，夏是"大"的意思，《九夏》是非常大的音乐。送葬时演奏"肆夏"，牲畜出入时演奏"昭夏"，迎接四方的宾客时演奏"纳夏"。

我有嘉宾，鼓瑟鼓琴。

鼓瑟鼓琴，和乐且湛。

我有旨酒，以燕乐嘉宾之心。

四牡，即"驾车的四匹马"。这首诗是这样开头的：

四牡騑騑，周道倭迟。岂不怀归？王事靡盬，我心伤悲。

皇皇者华，即"美丽的花"。这首诗的结尾是这样的：

我马维驷，六辔既均。载驰载驱，周爰咨询。

在演奏这些乐曲时，鲁国的使者通过再三答拜将鲁国的意图表达出来，当唱到"像对待客人一样，以美酒招待使者，对到处奔波的小国使臣表示慰问，以及不要独断，也听取我们的意见"时，使臣再三答拜，并且表现得极为感动。最后，当晋国的元老问起礼节时，则为其一一解释，还对此表达感激之情。就算是巧言令色也难以达到这样的水准啊。

### 没有准备好贡品就是罪过

就在叔孙豹出使晋国那一年的冬天，鲁襄公前去拜访晋悼公，晋悼公设宴款待他。在宴会上，鲁襄公请求晋悼公把鄫国归为鲁国的附属国，但晋悼公没有答应，仲孙蔑再次劝说晋悼公，这一次他的说辞是利益。

他说："我们国家紧挨着敌国，一心只想要更好地侍奉君主，从未违背过君主的命令，但因鄫国没有给贵国的司马进献贡品，贵国的执事每日来我国要求上交贡品。我国乃是小国，没有准备好贡品就是罪过，所以寡君希望能把鄫国作为鲁国的属国以此得到帮助。"

听闻此言，晋悼公马上就答应了。根据盟约，霸主国晋国有权看管各诸侯国且不让它们之间相互往来，但是他不能容忍鲁国进献给自己的贡品有任何差池，所以允许一定程度的榨取。晋国表面上满口霸主的仁义，私下里却对自己的利益锱铢必较。

## 无论何时都会听命

因为郑国与楚国亲近，晋国为召集诸侯攻打郑国，派知䓨出使鲁国。鲁襄公设宴款待，知䓨在宴会上演唱《诗经·召南》中的《摽有梅》。该诗讲的是一位少女把自己比作梅花等待如意郎君的故事，里面讲到如果夫君来晚了，自己就会被别人摘走，请夫君不要错过时机。知䓨之所以演唱这首歌，是在请求鲁国君主要及时出兵，切勿错过时机。其中有几节这样写道：

> 摽有梅，
> 其实三兮！
> 求我庶士，
> 迨其今兮！

当时在鲁国担当要职的季孙宿领会了知䓨的意图，于是答道："岂敢耽误时机呢？如今贵国君主与我国寡君是分不开的，我们听命，无论何时都会听命。"

说完，就唱起《诗经》当中的《角弓》来回应知䓨。这首诗讲的是不要疏远兄弟亲戚，言下之意是希望晋国要好好照顾同为姬姓的鲁国。如此看来，狐狸的确是有着非同一般的谋生之道。

但是郑国没有这般的伎俩，如果像鲁国一样，对晋国摇尾乞怜来求得安稳，就会对楚国有亏欠，而在地理位置上，郑国又与晋国离得太近。而且郑国国内也没有如此擅长外交辞令的人才。因此，在晋、楚两国之间进退两难的郑国只能陷入无边的战乱。

## 3. 郑穆公的七位后代把持政权

夹在晋楚两国之间惶惶不可终日的郑国，不知道何时才能摆脱这种局面。能把郑国从晋楚两国的压迫之下解脱出来的主人公还没有登场。此时把持郑国政权的人只能走一步看一步，随机应变，祈求上苍眷顾以保全国家。这些把持郑国政权的人主要是子产的叔父，也就是郑穆公的后人。子产是郑穆公的孙子，所以人们也称他为公孙侨，因为出身王室，所以子产姓姬，氏跟着父亲称国。

而在北方的晋国，除了君主之外的王族，都不能参与政治，以免威胁到君主的权力。这可是王室兄弟之间，在尔虞我诈、你死我活的王权斗争当中，吸取的血的教训。但是郑国的体制与周国相似，王室的人都能够参与国家政事，因为周国封建制的基本框架就是各王族相互联合共同保护王室，郑国也想要通过王族来巩固王室的统治。因此郑国的政治家当中称为公子的人特别多。

子产的先辈当中，把持政权的子驷是郑穆公的儿子，子产的父亲子国是子驷的兄弟，而子产的伯乐子展和他的儿子子皮，都是郑穆公的孙辈。由此看来，郑国的政权一直都是由王族把持的，尤其是子产父亲那一辈，郑穆公后代的势力极为强盛。

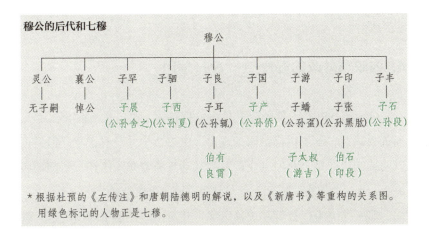

穆公的后代和七穆

* 根据杜预的《左传注》和唐朝陆德明的解说，以及《新唐书》等重构的关系图。
  用绿色标记的人物正是七穆。

包括子产在内，子展（公孙舍之）、子西（公孙夏）、伯有（良霄）、子太叔（游吉）、伯石（印段）、子石（公孙段）七人被称为"七穆"，组成了郑国的权贵家族。所以子产出身于郑国最尊贵的贵族世家，他的父亲与叔父把持着郑国的政权，子产从小就将父亲和叔父在晋、楚两国之间来回摇摆、进退两难的苦恼看在眼里，这种环境潜移默化地培养了他卓尔不群的政治见解。

子产的叔父子驷曾陪同釐公（《左传》当中记载为僖公）一起拜访晋国。如前所述，子驷是郑穆公的儿子，郑穆公死后，郑国换了五次君主，子驷相当于是釐公的爷爷，但是釐公对子驷非常无礼。子驷陪同孙辈的君主一起出访霸主国晋国，却失了颜面，他极为生气，所以请求晋国废除釐公。但是与他同辈的子罕劝阻了他。后来，子驷又陪同釐公一起参加诸侯的会盟，釐公依旧对子驷无礼，子驷难忍这等羞辱，派刺客杀死了釐公。这一年是公元前566年，各位诸侯知晓釐公的死讯之后，郑简公继位。

因为子驷刺杀君主，所以许多公子准备除掉子驷，但子驷先发制人，谋害了子狐、子熙等众多公子。就这样，郑简公在郑穆公的后代子驷的扶持下登上国君之位，所以这期间自然而然是由郑穆公的后代把持郑国的政权，但是他们是靠政变夺权的，身上沾着上任君主与众多公子的鲜血，名不正言不顺，内部早已是矛盾重重。

## 4. 内政与外政的混合——攻打蔡国

公元前566年，楚国令尹子囊攻打晋国。第二年（前565），郑国进攻蔡国，至于讨伐蔡国的理由，史书当中并没有记载。但是可以明确知道的是，郑国讨伐蔡国的举动意味着郑国已经与楚国彻底决裂，因为当时蔡国实际上是与楚国在同一个阵营的。

那么郑国为什么要进攻蔡国呢？其原因应该出于郑国内部。就在前一年，郑国的执政子驷因为釐公的无礼杀了他，改立郑简公为新主，当时简公只有五岁。对子驷的专横，心有不满的公子准备起事，却反遭子驷陷害蒙冤而死，紧接着，郑国就出兵讨伐了蔡国。

由此大概能推断出郑国征讨蔡国的原因了。一方面是因为郑国刚与晋国结盟，担心晋国会追究君主被杀害的责任，所以主动出击，征讨楚国的友邦以向晋国示好。另一方面则是想通过战争团结因国家内乱陷入不安的民众。所以，由子驷的兄弟，也是掌握郑国实际政权的子国和子耳率领军队，攻打蔡国。

走运的是在这场战争当中，郑国抓住了蔡国的司马公子燮。能够抓到敌方的指挥官可是了不起的大事，对此，大家都很高兴。但子国的一个儿子却对此忧心忡忡，他对父亲说："作为小国，不修炼文德，反而热衷武力，那么就会招致大祸。楚国人如果追究过错，进攻我国，我们能不投降吗？可若是我们投降了，那么晋国的军队一定也会攻入我国，一旦晋楚两国开始讨伐我国，那么未来的四到五年，我国都不会有太平日子了。"

听了儿子的话，子国怒骂道："你胡说什么！国家的事自有君王的命令，有处理政务的正卿大人，小孩子再乱说话，小心丢了性命。"

想必子国说这话的时候，心里也是羞愧难当。新立的君主不过是一个刚刚会走路的孩子，能有什么命令呢？正是他们的家族势力独占了卿大夫的位置，发动了这场战乱。

说出这番话的孩子正是子产。子产看到叔父们和父亲在处理国内外问题时，只看到眼前的利害而不考虑未来的后果，很是忧虑。那一年，在诸侯国的聚会上，郑国把从蔡国夺取的战利品进献给了晋国的君主。但是他们很快就为这些战利品付出了惨痛的代价。

对于治理弱小国家，现实主义者提出的首要原则是，"不要让自己成为纷争的导火索"。如果大国与小国力量相差悬殊，那么小国一定不要成为纷争的焦点。当大国之间的势力关系发生变动时，如果小国因做出错误的判断而导致了失败，那么其一定会背负所有的过错。

## 5. 胜利的代价 —— 重新投靠楚国

正如子产所担心的那样，那年秋天，楚国令尹子囊在平定吴国的战事之后，北上来到郑国，追问郑国征讨蔡国的原因。而一年前，楚国因为陈国的背叛前去讨伐陈国，这一次轮到郑国了。郑国国内立马陷入恐慌，因为经验丰富的子囊不会轻易动用军队，但只要动用军队，就必然会达到他的目的。中秋过后前来的这支军队肯定要达到目的才肯回去，把持郑国朝政的穆公后代之间也产生了分歧。

战争的当事人子驷、子国、子耳建议投靠楚国，而子孔、子蟜、子展则主张等待晋国的援救。日益焦灼的子驷说："《周诗》有云'俟河之清，人寿几何？兆云询多，职竞作罗'。如今百姓们身处险境，如果投靠楚国，那么能使百姓重享太平，等晋国的援军来了再依附他们。恭恭敬敬地供给财货，等待别人前来，这是小国所应当做的。牺牲玉帛，在两国的边境上等待晋国将士前来保护我们的百姓，只要敌人不伤害我们，百姓能避免战乱苦难，不就可以了吗？"

但子展红着脸道："小国侍奉大国就要讲求信义，小国如果背信弃义，就会招致战乱，离灭亡的日子就不远了。经过五次会盟好不容易建立起的信义，如果现在背弃的话，就算楚国饶恕了我们，又有什么用呢？如果跟楚国亲近，到头来却没能缔结盟约，那么我们就会沦为楚国的都邑，我们决不能向他们投降。[①]还是等待晋国的

---

① 引文出自《左传·襄公八年》，原文是"亲我无成，鄙我是欲"。这句话因为没有主语，所以有不同的解释。《左传》当中的"成"字有"和亲或是缔结投降盟约"之意，"鄙"字有"作为占领土地"的意思。因为原句过于省略，所以很难理解，既可以解释为"楚国虽与我们交好，但如果不能与它缔结盟约，楚国就会完全占领我们的国土"，也可以解释为"楚国与我们亲近，其目的不是想与我们结盟，而是要占领我们"。

44

援军前来吧。当今的晋国君主英明，四个军整顿完备，率领军队的八个卿和睦友好，他们不会不管我们的。而楚国军队远道而来，如今已是疲惫不堪，粮草也已不足，肯定没剩多少兵力，他们会回去的，有什么可担心的呢？我们做好防守，尽力损耗楚军的实力，坚守信义等待晋国的援军吧。"

但是子驷却责备子展："《诗经》有云'谋夫孔多，是用不集。发言盈庭，谁敢执其咎？如匪行迈谋，是用不得于道'。这个责任由我来担。"

于是郑国投靠了楚国。子驷也为在晋国面前辩解找好了口实，他派王子伯骈①出使晋国，传达郑国君主的意思：

"君王命令敝国：'整修你们的战车，使你们的车兵、徒兵保持戒备，以讨伐动乱。'蔡国人不顺从，敝国的人不敢贪图安逸，动员我国所有的军队以讨伐蔡国，俘虏了司马燮，奉献于邢丘的盟会上。现在楚国前来讨伐，说：'你们为什么对蔡国用兵？'焚烧我国郊外的小堡，侵略我国的城郭。敝国的大众，不论男女老少，都毫无办法，只能眼睁睁地看着楚军的恶行。国家将要倾覆，没有地方可以控告。百姓们都饱受失去父兄和子嗣的痛苦。人人忧愁悲痛，不知道到哪里可以得到保护。百姓知道毫无办法，只好接受楚国的盟约。寡人和几个臣子不能阻止他们，但是我们不敢不报告贵国，特此前来禀告。"

但晋国的执政知罃早已识破了子驷的计谋，马上派人回信，表明自己的立场：

"（你国）君王自称接受过讨伐楚国的命令，那为什么没有派一个使者来告诉我们呢，反而立刻投降楚国？君王如果想要这样做，谁能够反对得了呢？我国寡君准备率领诸侯到贵国城下拜见君王。

---

① 伯骈虽是楚国的王子，但到郑国做了大夫。因为他出身于楚国王室，所以很有威势，主要处理郑国的外交事务。

请君王好好想想对策吧。"

就这样，子驷的计策彻底失败了，各诸侯国的军队很快就会攻入郑国。正如子产所说，战胜蔡国反而会引火烧身，那么郑国执政者子驷的选择到底哪里出了问题呢？

## 6. 郑国，一年内两次投降

郑国随时都有发生战争的危险，但执政者们却拿不出有效的对策。如今，诸侯的联合军正从北部袭来，而与其结为友邦的楚国也派援军从南部赶来，但无论谁输谁赢，郑国都会被战火包围，遭受战乱之苦已是在所难免了。

万幸的是，那年秋天，晋国境况不好，全国发生大饥荒，很难开展军事战争，趁此机会，西部的秦国向楚国借兵袭击晋国边境，郑国只能盼望晋国自顾不暇了。

而到了冬天，诸侯国的军队已经包围郑国的都城。鲁国、齐国、宋国的军队在晋国知罃的率领下逼近郑国的东门，卫国、曹国、邾国的军队跟着荀偃逼压西门，而栾盈率领着滕国、薛国的军队围住北门，杞国、小邾国的军队则跟随赵武砍伐路边的栗子树，晋国君主命令各诸侯军整顿装备，带足粮草，包围郑国。尤其是看到他们为了长期作战预备粮草、来势汹汹的架势，郑国百姓人人自危。本来还期盼晋国遭逢凶年能使他们逃过这一劫，如今看是不可能了。

此时的郑国朝堂上又重演了之前的一幕，是投降，还是抗争呢？然而，晋国军队的首领也面临着同样的选择，本国恰逢凶年，这支军队来之不易，是接收背信弃义的郑国的归降打道回府，还是用武力给他们点儿颜色看看，顺便和楚国的援军一决高下呢？

还好最终没有发生战争，那一年的饥荒和晋国的军队将领知罃的判断挽救了郑国，在晋国的军营里也掀起了一番讨论：

荀偃："包围郑国，等待楚国的援军，和他们一决高下。如果不这样，讲和没有任何意义。"

知罃："这样不行。我们答应郑国结盟的要求，把矛头转向楚国，为援助郑国，楚国军队远途跋涉必然疲惫不堪。到时候我们把四军分为三部分，再加上诸侯的精锐部队，一起攻打楚军。我们的士兵精力充沛，而楚军艰辛劳顿，我们一定会赢。但是如果单纯只是为了享受胜利的喜悦而不顾将士的死活，这样的战争没有意义。我们还有更需要出力的事情，君子用智，小人用力，这是先王的训示。"

知罃作为首领，考虑事情需要更周全。如果把郑国夷为平地，那么诸侯可能也会疏远晋国，而如果不打郑国，它又会重新归顺楚国。但问题是如果攻打郑国，势必会损耗实力，等到再与前来的楚国援军交战，肯定难以招架。并且，各诸侯国的联合军也忌惮与楚军作战。所以他打算先实行缓兵之计，等楚军到达，再反攻他们。最终联合军接受了郑国的投降。对于郑国来说，这已是不幸中的万幸了。

当时，郑国方面，年幼的君主，以子驷为首的六卿和下面的大夫，以及家族当中的子孙全都出席会盟，首先由晋国的士弱起草并宣读盟约："从今日达成盟约起，郑国要听从晋国的命令，如果有违抗之举或是怀有异心之人，将根据盟约中的规定对其进行惩罚。"

然后，郑国的执政者子驷上前宣读盟约："上天降祸郑国，让郑国夹于两个大国之间。大国不对我们施德行，反而发动战乱使我们屈服，让我们的祖宗不能得到祭祀，百姓不能享受耕种的果实，男女老少穷苦羸弱，却没有地方可以诉说。从结盟之日起，对既尊重礼仪又有强大的力量来保护百姓的国家，我们郑国如果不听从其命令，敢有其他的想法，那么也像这份盟书所记载的一样甘愿受罚。"

根据这份盟约，郑国只会听从强大且守礼的国家，并不一定只追随晋国。所以，荀偃说道："请修改这份盟约。"郑国子展（公孙舍之）回答道："已经在神灵面前起誓了。如果可以修改，也可以背叛大国了。"知罃对荀偃说："我们不合道德，强迫别国与我们结盟，这难道是合乎礼仪的行为吗？如果不遵守礼仪，我们凭什么当上盟主呢？暂时先结盟撤兵，积累德行、休整军队，然后再来，到时候一定会拿下郑国，何必一定要在今天呢？如果我们不施与德行，百姓将会背弃我们，更何况是郑国？如果我们能够休养民力、抚慰民心，远方的人也会前来归顺我们，又有什么必要担心一个小小的郑国呢？"

结盟之后，诸侯联合军全都撤走了。但是由于郑国并没有完全听命于晋国，所以晋国再次召集诸侯军攻打郑国。郑国的子孔说："现在与他们作战，我们可以取胜。晋国军队在外面这么久，士兵疲惫不堪，心里肯定只想回去，所以现在攻打他们，我们胜券在握。"

这真是无稽之谈，就算打赢了，又能做什么呢？子展当即反对说："不行。"

知罃之所以撤军不是因为没有实力，而是因为国内的饥荒，在这时与楚军作战，万一失败了，那么会使国内政局更加动荡。而郑国此时乘人之危攻打晋国，就算赢了，那么明年待晋国境况好转，一定会大举入侵郑国。作为执政者之一的子孔，此时却说出这样毫无远见的话，可见郑国上下已是乱象横生了。

晋国军队一从郑国撤走，果然楚国军队就攻进来了，这次是由楚共王亲自带兵。正如诸侯军的首领知罃所说，如果与楚国作战，那么势必会引起大规模的战乱，但是晋国因为国内的问题撤军，所以避免了这次大战。

但子驷又打算重新与楚国交好，他认为诸侯国的军队不会再来了，但是子孔和子蟜却担心地说道："刚刚才与晋国结盟，现在就背叛盟约不好吧？"

子驷和子展回答道："我们的盟誓是要追随强者，如今楚军已经兵临城下，晋国也无法来援救我们，相比而言，当然楚国更强，投靠他们怎么能叫背弃盟约呢？而且因受到胁迫而订立的盟约，哪里有什么信义可言？神灵不会认同的。神灵只会降临在有信义的地方。信，是言语的凭证，善良的主体，神灵会降临在那里。明察一切的神灵不会认同在胁迫之下缔结的盟约，这样的盟约背弃它也无妨。"

　　于是等楚军一到，郑国就与楚国讲和。但此时，楚庄王的夫人去世，所以楚共王没能安定好郑国就急着返回楚国了。那年的冬天，郑国的运气好得出奇，晋军因为国内饥荒而撤军，楚军又因君主母亲离世而撤回。但问题是，这样千载难逢的好运气怕是再也不会有了。

第 4 章

# 天下关系的重组和内忧外患的加深

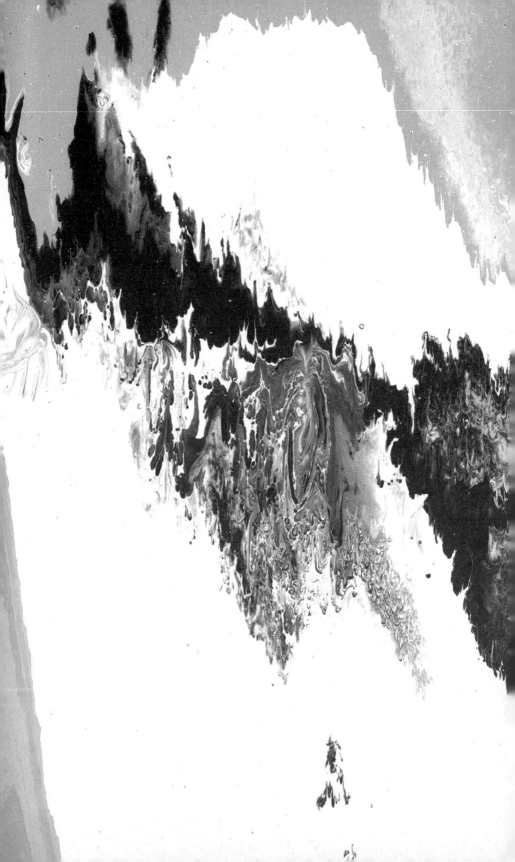

郑国长期在晋楚两国夹缝中艰难求生，最近这种艰难情况又进一步加深，这跟诸侯国之间关系的重组不无关系。晋国虽是强国，但已不比当初；同样，楚国虽强，却已是强弩之末。各国之间势力均衡状态即将崩溃的迹象已经尽显。特别是处于晋楚竞争旋涡中，分别帮助晋和楚争夺话语权的吴和秦，已经成为局势演化的关键。晋着眼于日益衰微的国力，想要利用吴国的力量削弱楚国，楚国则想要通过与秦国的联合作战减少独立作战的风险。随着现存两极体系的日渐脆弱，相较于两国间的直接对决，间接对决的情况变得越来越频繁。胜利的天平将倒向何方无法预测，小国之间的不安全感日渐弥漫。

特别是晋国为了与吴国打开互通之路而进攻偪阳，使得晋楚之间的对决局面更加扩大化了。在这种局面下，郑国同样也被各国政治的洪水包围。郑国在这种雪上加霜的政治局面下，郑穆公的后代也由于内乱落得惨遭杀害的悲惨下场。其中也包括子产的父亲。但是，在旧时代的消亡中也有了新时代的花蕾萌发的迹象。

在晋楚的包围和压迫下已是筋疲力尽、疲于应付、最终不得不屈服于晋国的郑国，为了向晋国臣服而利用宋国使出了一招神奇的苦肉计，并取得了成功。但是，这个计策真的能将郑国带向和平之境吗？

## 1. 晋国的东方政策——打通前往吴国的道路

公元前564年冬，北方的诸侯始终没有就如何处理郑国达成一致意见。晋国由于恰逢凶年，农作物歉收而自顾不暇。晋国的贤臣魏绛强调施惠政策，主张开仓放粮。

卿大夫们家里储存的粮食全部都要拿出来，并且要减少他们家里用于祭祀的粮食。在古时候，发生这样的饥荒，就意味着短时间内无法进行大规模的军事行动。因为军事行动的关键就是粮食储备。晋国执掌政权的知䓨也总是认为现在还不是发动战争的最好时机。

从郑国撤退后的第二年春天，晋悼公就在宋国的相地和吴国君主寿梦相聚了。宋、卫、赵、莒、邾、滕、杞、小邾等国的君主也都聚集在一起，齐国世子光也参加了这次聚会。在《四书》中，对这次聚会只是简单提及了一下，但是这次聚会却是春秋末期撼动势力均衡状态的一个大事件。

在这次聚会上，来自宋国的卿大夫提议取道偪阳打通连接吴国的道路。从淮河沿泗水北上的必经之地有彭城、偪阳等重要城邑，但是彭城属于宋国管辖，而偪阳那时候还是一个独立的国家。这里的偪阳就是后来京杭大运河所经之处，从此不难看出偪阳是一个南北交通的要地。后来，吴国修建了连接长江和淮河的运河，并且沿运河北上对北方发动了战争。这样的话，这里就成为对楚国和吴国都非常重要的地区。几年前楚共王攻打彭城和这次悼公进攻偪阳都是同样的道理。

荀偃和士匄攻打偪阳，并将之作为宋国管辖的地区，这样就完善了往来吴国的道路。但是，执政的知䓫对此比较冷淡。因为本国此时正处于困难时期，所以知䓫对于动兵这样的事情一向是反对的。如果攻打偪阳的话，楚国就一定会动用军队。知䓫认为，与其利用跟吴国的同盟关系勉强维持日渐瓦解的两极体系，还不如保存自己国家的实力来得重要。

"偪阳的都城虽然很小，但是却很坚固。赢了也算不上一件功劳，但是万一输了的话，就会成为笑话啊。"

但是，荀偃和士匄一直坚持自己的主张，他也无可奈何，最终动员了各个诸侯国一起出征包围了偪阳的都城。果然不出所料，偪阳都城很难被攻陷。诸侯们的军队包围了偪阳都城却一无所获，过了一段时间纷纷跟荀偃和士匄要求撤军。所以这两个人对知䓫说道："正好梅雨季快要到了，到时候恐怕会挡住退路。就此撤军吧。"

知䓫一听，掀翻了面前的书桌，大怒道："你们说要打仗，然后一起去我那里游说我。我怕违背君命，所以也没有反对你们的意见。你们纠缠君主，纠结诸侯和将领们一起把我们这些长辈带到了这里。你们也没有什么要取得军功的想法，想等着回去以后说'是因为不得不撤军，所以没能打胜仗'，然后把责任都推到我身上。我已经老了，还能负什么责任啊？七天之内如果攻不下来的话，你们就等着承担责任吧！"

这是一个杀气腾腾的命令。梅雨到来之前如果不能取胜的话，就无法越过烂泥塘而陷入孤立状态。荀偃和士匄将避免不了与楚国的正面对决。联军铺天盖地的箭头从正面射过来，终于攻陷了偪阳。如此一来，偪阳就被宋国管辖了。

偪阳这块绊脚石一搬开，吴国跟中原的交流就如鱼得水了，并且一步一步地蚕食着楚国的领土。现在，球又被踢到了郑国和楚国的一边。接下来的形势会是怎样呢？

## 2. 卷入代理人战争

和预料中的一样，楚国进攻了宋国。于是，在北方联盟国家中与宋国邻近的卫国做好了向宋国派遣援军的准备。因此，楚国命令郑国进攻晋国的友邦卫国。所以就形成了由小的国家代替晋国和楚国打仗的局面。郑国的子展首先提议站到楚国一边来攻击卫国的军队。

"一定要攻击卫国的军队。如果不这样的话，我们就没法证明我们是站在楚国一边的。我们已经得罪了晋国，现在如果再得罪楚国的话，我们的国家怎么办？"

子嘉说道："（攻击卫国所产生的战争费用）会对国家造成不好的影响。"

子展接着说道："同时得罪两个大国的话，我们国家会走向终结的。相比灭亡，国家疲敝是不是会相对好一点儿呢？"

于是，大夫们都赞成这个观点。最终由郑国的皇耳带领军队攻打卫国去了。但是皇耳率军与卫国交战的时候被活捉了。

随后楚国的令尹和子囊与郑国军队会合，从鲁国的西部边境开始进攻，攻打了萧国和宋国。

对于这件事，鲁国大夫仲孙蔑是这样评论的：

"郑国的灾难是从内部而起的。出兵其实是过分的。即使是周王朝，像这样频繁地出兵也是承受不了的，更何况区区一个郑国呢？

如果说郑国有什么灾祸的话，那就是掌握政权的那三个人。"

这三个人就是子思、子产的父亲子国、子耳。


## 3. 平定内乱，子产登场

果不其然，在这场战争之后，郑国起了内乱。起因就是土地所有权及相关问题引起的矛盾。但是统治阶层对外政治上的无能，加深了人们对此事的不满是最主要的诱因。

执掌政权后，为了使土地所有权更加明晰，子思对土地划分进行了重新整理。因为当时正处于传统的井田制崩溃的时期，所以这样的措施还是很有必要的。当时的司氏、堵氏、侯氏和子师氏四大氏族都失去了一部分土地。所以这些人就跟之前子思废立君主时杀害的孔子家族的人联合起来，准备伺机造反。频繁的战事也使得民怨沸腾。现在所有的时机都成熟了。就像成熟的西瓜用刀鞘就能割开的道理一样，这样的状况一旦加上怨恨的情绪，事态很容易向暴力的方向发展。

子思曾经跟一个叫作尉止的人有过争吵，所以这时候，尉止也一直在等待着对他暗中下手的机会。而且由于当时郑国和楚国联合在一起，各诸侯国也正在遭受攻击。子思怀恨在心，于是就减少了给尉止的战车数量，并且争夺尉止抓获的俘虏。他对尉止说"你的战车不符合礼节的规范啊（太大或是太华丽而不符合礼仪的规范）"，并以此为理由抓住尉止的小辫子，使得他抓获的俘虏没有献给君主。剥夺士兵们的军功是一件令人无法忍耐的事情，尉止因为这件事决定除掉子思。

终于，尉止联合对子思胸怀仇恨的孔子氏族和田地划分时蒙受损失的人们，开始对子思发难。他们计划杀死掌握郑国政权的穆公的儿子们，主要就是除掉子思、子国、子耳和子孔。子孔提前知道了这件事而逃过一死，子思、子国和子耳等人因为要处理政务，一早就聚集在西宫，被一起杀掉了。

死去的三个人的儿子，也联合起来发难，声言要除掉凶手一伙。子思的儿子子西甚至连防身的护具都不带，就直接去到西宫赶走杀死他父亲的敌人，并为他的父亲收尸。一直到敌人进了北宫，他才回家给家人们分发了兵器和盔甲。因为这件事，家仆们几乎都逃跑了，器物也丢失了不少。

相反，子国的儿子子产听到消息之后，首先是锁上大门，组织家人锁上仓库，然后彻底武装自己的家臣，排列好队伍，开动十七辆战车出门应敌。他收了父亲的尸体以后开始攻击在北宫的敌人。这时候，子耳的儿子子蟜也赶来帮助子产。

虽然侥幸除掉了几个主要人物，但是他们的儿子团结起来也不可小视。最终发起叛乱的一伙人都受到了反击，或者被杀或者逃到国外去了，政权重新回到了穆公后代的手里。万一政变成功的话，郑国的政权也就发生了变化。但是子产的冷静处理克服了危机，反而将反对派们一网打尽。

子产经历了这次让他失去父亲的政变以后，开始了他的政治生涯。亲眼看见他的叔父们在晋国和楚国中间举棋不定，也间接培养了他宽广的视野，同时统治阶层内部的混乱也使他认识到了团结的重要性。

通过迅速反击将发起叛乱的人一网打尽以后，子孔不仅作为穆公的儿子，同时也作为家族的长辈迅速走到了政治的前台。①他代

---

① 《史记》中的《郑世家》记载，子孔策划了这件事并且指使尉止等人杀死子思，然后想要自立为诸侯。但《左传》认为事情发生的时候，子孔没有死，是因为他提前知道了要发生政变。《史记》的记录与文理不符。如果子孔是政变的策划者的话，发起政变的人都死了或是亡命国外，为什么单单子孔活了下来并且成功执政了呢？而且子国的儿子子产还有什么必要对杀死自己父亲的子孔进行政治忠告呢？但是，一家的其他兄弟们全部死去的时候，只有他自己活了下来并且继位，凭这一点他可能也很难洗清暗中帮助发起政变的叛乱者的嫌疑了。

替子思掌握了政治实权，与国内的卿大夫们进行了宣誓，宣誓的内容主要是围绕卿大夫及以下的官属们，要求他们都要坚守自己的职位，认真执行命令等。简言之就是实行以自己为中心的政治。其他的大夫一旦有不听从命令的情况，子孔就想将他们全部诛杀。子产劝告他停止这样的行为，却收效甚微。子产也是刚刚才失去父亲。

"请把宣誓文烧掉吧。"

"不行啊，让这些人参与宣誓是为了使国家稳定。如果说民众愤怒就烧毁宣誓书的话，那岂不成了民众的政治了。这样的话，国家不是又会变得混乱无序了吗？"

"平息民众的愤怒很困难，但是满足把持政权的野心更难吧。想要做这两件事的同时又想使国家稳定，这就很悬了。将宣誓书烧掉安抚大众，相对来说更好。这样的话，您想要的东西（执政）才能得以实现，大众也会安定下来，这难道不是一件可行的事情吗？想要专权的野心无法实现，又违背民众的意愿的话就会生乱。您一定要顺从民众的意见啊。"

就这样，想要专权的子孔的希望落空了。这里值得关注的是子产对于政治的想法。子孔认为郑国之所以混乱是因为民众的意见太纷杂了。实际上，郑国内乱的真正原因是子思当政以后民怨累积，而当政者又没有及时处理造成的。普通人一般会认为在这样的情况下，想要平息民众的不满，并有效地治理国家，只要有一位更加强硬的专制者辅佐年幼的君主就可以。但是子产的想法正好相反。他认为，对于积怨已久的民众来说，采取更加严格的限制措施只会适得其反。

《荀子·致士》中记载了对子产政治行为的察断。

临事接民，而以义变应，宽裕而多容，恭敬以先之，政之始也。然后中和察断以辅之，政之隆也。然后进退诛赏之，政之终也。

荀子在这里强调的是顺序的先后不能被颠倒。一开始就杀人并且对外强硬的话只会积累怨恨，这样反而会让自己垮台。那子产心里到底有着什么样的计划呢？新掌权的子孔在晋、楚两国的夹缝中将会引领郑国往何处去呢？

## 4. 郑国"奇妙"的权宜之计——"放心"地投降

郑国帮助楚国对宋国、卫国和鲁国等乱打一气，现在理所当然地轮到晋国前来报复了。诚然如此，该如何应对呢？好像除了降服，也没别的妙招了。但万幸的是，站在晋国和楚国的立场来考虑，双方都想把郑国拉到自己一方——虽然可以暂时威胁一下郑国，但到目前为止，还没有理由将郑国灭掉。因为一旦任何一方表露出这种意图的话，郑国就会立马转而投奔另一方并拼死抵抗。即使不知道郑国还能不能起到"武器"的作用，但是刺猬仍旧是刺猬啊。

诸侯军重新在虎牢修建城池，并对郑国形成了压力。于是乎，郑国果然为解燃眉之急而与晋国和好了。迟来的楚国援军也到达了。子囊认为郑国的形势虽然危急，但不能耽误耕作，援军还是待到秋收以后出动才好。实际上已经太晚了。于是诸侯军队沿郑国南下，与楚国军队相遇了。到此为止还是和以前没什么不同。

诸侯军队到达郑国南面的阳陵时，楚国的军队还没有撤退。再往前推进的话，冲突就势不可免。可是，晋国执政知罃这次却反对发生冲突。他实际上想要退却，于是开始找借口。

"如果我们现在撤走，避开楚国军队的话，他们一定会产生傲慢的情绪。敌人变得傲慢以后，我们再跟他们好好打一仗吧。"

但是作为当时晋国最大家族嫡孙，也是栾书儿子的栾黡则主张南进。

"碰到楚国的军队却要逃跑，这是我们的耻辱。在诸侯们面前遭受这样的耻辱，比死还难受。就算我一个人也要继续进击。"

这样一来，实在没有办法，军队只好继续南进，与楚军隔颖水对峙。

那时候郑国朝廷处于非常尴尬的境地。如果晋国军队南进驱赶楚国军队的话，那么郑国就可以求得暂时的安宁了。但是楚军如果赢了的话，郑国就不得不再一次投降。并且，如果晋国军队不战而退的话，那么楚军就会北上质问郑国为何背叛。在盘算了各种状况以后，子蟜梳理了一下当前的状况。

"诸侯中已经有一些人想要离开，他们终归是不会去打仗的。就算跟随晋军也会退军，不跟随的话最终还是会退军，他们一旦退却，楚军就会将我们包围。不论怎样诸侯军都会退却的，所以我们最好还是向楚军投降吧。"

别人也都是这么想的，而且想把世子送给楚国与之和解。得到这个消息的栾黡站出来提议说，我们进攻郑国吧。但是知罃的想法却不同。他认为既然不能与楚国正面交锋，而去攻打郑国的话，会在诸侯中失去威望。

"不行。我们无法遏制楚国军队，又不能保护郑国，郑国有什么罪过？这样吞下气恼的苦果又不能调头回去，现在进攻郑国的话，楚军一定也会猛烈地进攻我们。打仗如果无法取胜的话，就会成为诸侯们的笑话。如果没有必胜的把握的话我们还是回去吧。"

最终战争没能打起来，晋军只是示威了一番，然后就回去了。晋军一走，楚国军队也撤退了。像这样最终出现了大家都期待的结果，正好符合了子蟜的计策，主要是因为晋国和楚国双方都忌讳战争。

虽然只是权宜之计，但是这次选择还算是恰如其分。但接下来就有问题了。与楚国结下仇恨，只要再降服一次就可以了，但是与晋国结下仇恨的话，国家就会有灭亡的危险。偪阳被灭的事情不就跟现在的情况一样吗？所以郑国为了牢固地依附于晋国，准备好了万全的苦肉计。那就是拉拢两个大国，然后切实实施依附的战略。这是一种向一方哭诉，给另一方贿赂，使对方不能再欺负自己的一种割肉自保的策略。他们设想的这种战略分为三个步骤：

第一步，攻打宋国。

第二步，晋国援军如果来了的话，就厚予贿赂，然后直接投降。

第三步，对楚国那边就说，因为你没来救援，所以我投降了。

这是一种为了最终依附晋国而利用邻国制造口实的策略。现在我们看一下他们的这种策略吧。郑国的大夫们都慨叹郑国不得不夹在晋楚两国之间的现实。

"如果不归顺晋国，那么真的就会有亡国的危险。楚国虽比晋弱，但是晋国在救援我们的时候，不会尽全力。晋国如果迅速出动救援的话，楚国就会避免和其直接对决。那到底怎么做才能让晋国军队为我们牺牲自己的生命呢？在楚国不愿意与晋国对决以后，我们就可以与晋国结盟了。"

子展想出了一个主意。

"我们如果欺负宋国的话，诸侯们一定会群起攻击我国。那时候我们与他们缔结誓约，这样楚军就会过来了。我们重新向楚国投降并缔结誓约的话，晋国一定会非常愤怒。晋军能如疾风一般赶来，但是楚军却不会这么快，等到那个时候再和晋国切实地强化关系吧。"

一句话总结就是，先让晋国愤怒，然后再迎接他们，那之后楚国军队如果出动了的话，就重新向楚国投降，这样就会助长晋国的怒火，等他们发了火开始猛烈进攻时，就跟他们签署使他们无法彻底抽身的和约。甚至楚国军队回避对决的话，即使依附于晋国也不会遭受多大的屈辱。

一切正如计划中那样，郑国在宋的边境上引起战乱。然后，宋国的向戎带领军队来到郑国的土地上抢掠，郑国为了达到诱引诸侯军的目的，立即就开展了报复。果不其然，春天的时候诸侯们纷纷质问郑国为何进攻宋国，并且率军赶过来。按照计划，郑国提议投降。借着这个机会知䓖促成了有点令人担心的誓约。

"谁敢违背誓约就会亡国灭种。"

这份誓约说，谁再敢违背誓约就会被灭国。

楚国的令尹子囊也没闲着。他邀请了秦国做援军对郑国发动进攻。于是，郑国这次好像从没有跟晋国签订过誓约书一样，泰然地迎接楚秦联军一起去攻打宋国。这是故意违反与晋国的誓约。于是，诸侯们又带领士兵们来到了郑国，恐吓说要围城灭国。这时，郑国开始实施其原定计划了。他们派使臣到楚国去，说要向晋国投降。

"寡人为了保全社稷，所以实在是无力遵守与君主的誓约。君主能用珍珠和绸缎作为贿赂使晋军退军吗？如果不能的话，就用武力将他们击退吧。这就是寡人期望的。"

楚国也没有什么办法。对方的势力很强大，无法抵抗，不能随便动用军队。而且如果不能救援郑国的话，想守住誓约也很困难。所以只能很抑郁地将使者关押起来，却不敢出兵。

从此郑国可以不用看楚国的眼色，"放心地"去向晋国投降了。郑国将超大型战车——轀车十五台（可搭乘的士兵人数相当于一百台普通战车），还有数名一流乐师和十六名女乐工，进献给晋国君主。这实际上是非常大数量的贿赂了。但投降这件事依旧很困难。

即使这样，西方的秦国依然坚持在这混乱的旋涡中，忠实地履行同盟的职责。秦国对于晋国迫使郑国屈服这件事展开了报复，派出两个兵团的兵力，猛烈攻打晋国的西部边境并且大获全胜。并且楚秦联军也对宋国进行了攻击，这也是对于这件事的报复。然而，他们并没有对郑国直接采取行动。

这样一来，郑国通过这种奇特的权宜之计，得以保全自己的国家，并且通过和晋国的誓约书，貌似基本实现了国家的安全和领土完整。安全果真能实现吗？我们再来看一下荀子的呼吁吧。

事之以货宝，则货宝单而交不结；约信盟誓，则约定而畔无日；割国之锱铢以赂之，则割定而欲无厌。事之弥烦，其侵人愈甚，必至于资单国举然后已。

——《荀子·富国》

在强暴的国家中间如何求得生存呢？荀子研究了子产的行动后这样写道。现在是时候来看看子产对这个问题的回答了。

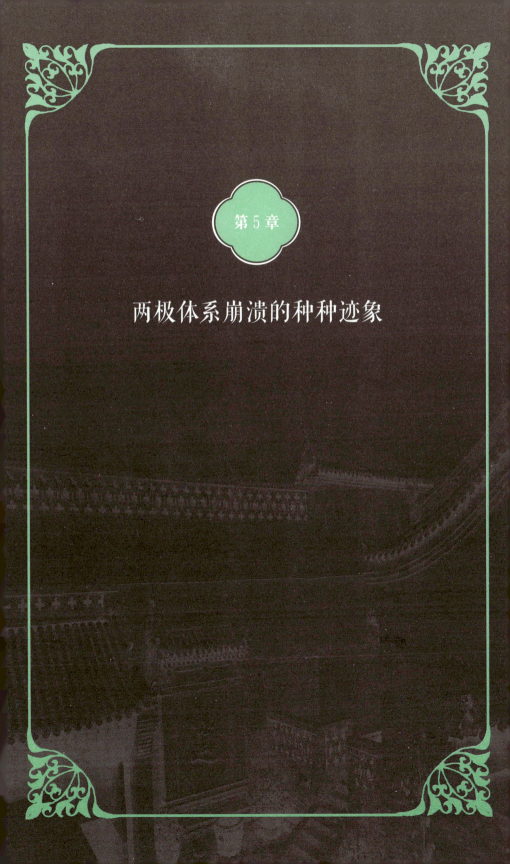

第 5 章

# 两极体系崩溃的种种迹象

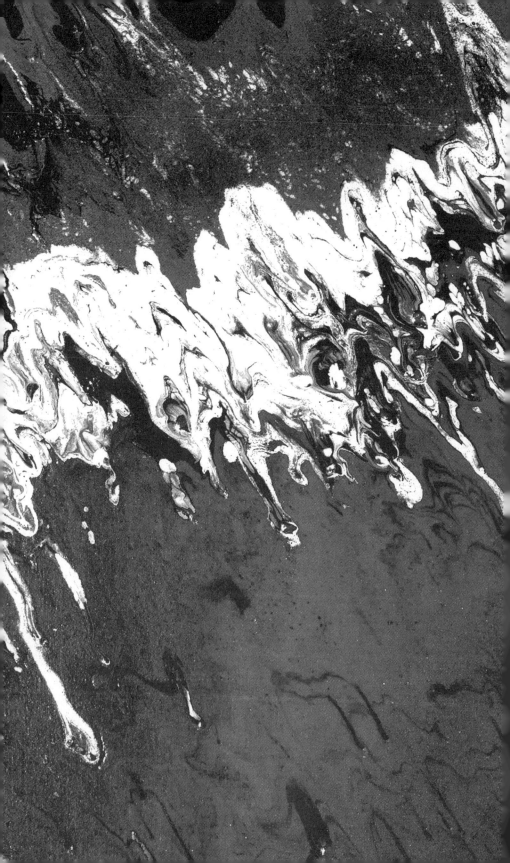

从子产参政开始，春秋各国社会的变化越来越快。这种变化就是两极体系行将崩溃的种种前兆。春秋中期，晋楚两极体系所面临的问题是，维持这种两极体系的成本越来越高。晋楚两国为了维持现有体系，不间断地干涉别国内政，但实际上他们得到的东西很少。加上为牵制对方而保有的超大规模军队也很耗费资源。那时，秦、吴两国也拥有了威胁两极体系的力量，即使离强国梯队比较远的齐国，也试图在两极体系之外寻找机会。

其他国家也纷纷觉得，当前的社会已经到了弱肉强食的阶段，因而对于两大国的命令并不积极听从。为了维持体系，两大国从各个角度及层面展开努力，但是仍未能扭转颓势。国都之外可以利用的土地和人力触不可及，即使小的国家经过努力也可以变得强大。现有的两极体系充分存在着演变为三极，甚至四极的可能性。

在这种竞争中，日益感到力不从心的两大强国，开始将注意力从国家之间关系的维持逐渐转移到对自身利益的关心上来。现在正是重视大义的霸主们没落的时代。特别是对于处于政治顶峰的执政者们来说，都怀有"现在真的有必要称霸吗？巩固好实力，休养生息，为即将到来的弱肉强食时代做准备不好吗？"这样的疑问。正是因为这股无法抗拒的潮流，两极体系慢慢失去了它的威力。但是，维护过去体制的努力也没有停止。从这种努力的结果来看，不管成功还是失败，我们都可以以此为依据，来预测一下郑国未来将会发生的事情。

## 1. 解体迹象一——努力控制战争规模的两极

楚庄王死后，在与北方联军的作战中一直处于劣势的楚国，最终放弃了单独作战。东线和北线同时作战很吃力，所以楚国一定把苦等东线出兵的秦国夹在中间才出兵作战。楚国令尹子囊想通过这种方式减少军事作战的费用。

公元前 562 年，郑国遭受北方联军压境烦扰的时候，秦国的庶长鲍和武渡过黄河轮番对晋国的西部边境进行攻击。第二年，楚国令尹子囊携秦国庶长无地攻打宋国，报失去郑国之仇。秦国的军队从东面回来的时候，如果经过崤山的险路，那么就有晋国从后方进行打击的危险，所以可推测秦国是沿着如今西安市秦岭的山谷向楚国的宛地进击的。楚国借路给秦国军队，展开了共同作战。接着，楚共王娶了秦国耿恭的姐姐做妻子，这样就把现有的同盟关系变成了联姻关系。

同时，晋国认为知罃和士鲂死后，军队的首领有必要另选他人。所以新的中军大将由荀偃担任，士匄担任部将。赵武当上了上军大将，韩起担任部将。下军大将由栾黡担任，魏绛担任部将。但是新军将帅没有合适人选，晋悼公就将新军部队置于现有的三军的统帅之下。晋军向来都是同时保持两个三军，便于在两线同时展开独立作战，作战半径也会变得更大。晋国现在也切实感受到了两极体系的管理成本难以承受了。

## 2. 解体迹象二——楚共王的去世和稳健派的上台

正值两极体系转型之际，带动两极体系运转的两驾马车——楚共王和晋悼公相继去世。他们的去世加速了体系的崩溃。

公元前560年，楚共王留下遗言死去，遗言的内容是自己死后要给自己追加愚蠢不成器的君王的谥号。他是执意持续不断攻打北方的一位君主。共王一死，吴国就瞅准机会打了过来。但是楚国那些打仗经验丰富的将领却没有动摇。养由基和子庚带兵出征拦截吴国军队。养由基想要反过来利用对方，想出了一个主意："吴国趁着我们国丧的时候攻击我们，肯定认为我们此时没法出兵，因此一定会轻敌并对我们放松警惕。子庚设置了三层埋伏圈，说等着他们就可以了，我现在去引诱他们过来。"

这样说着，他就假装后退，将吴军引了过来，在庸浦（现在安徽省东部长江北岸）大破吴军，并生擒吴国公子党。当时在中原或是楚国，都有不能攻击正在进行国丧的国家的礼法。但是吴国竟然在楚国国丧时进攻楚国。这样楚国和吴国的战争就变得跟中原的战争完全不一样了。

新登基的楚康王决定报复趁国丧时机前来进犯的吴国，于是派遣子囊率军攻击吴军。吴军第一次撤退的时候，对返回的楚军进行了奇袭，并活捉了公子宜穀。就像晋秦之间的战争一样，吴楚之间的战争也是一场不知道何时才能结束的混战。

打完仗回来以后，子囊就生病了。他的一生都是在战场上度过的。他在死之前给子庚的遗言，包含了对未来政局变化的洞察。

"一定要在郢建一座城池。"

一直到目前为止，楚国一直将注意力放在国外。但是子囊预测到楚国今后也要展开防守战。与吴国的战争如果激化了的话，都城郢都也会变得不安全。周边的小国家至今为止还都一直相信楚国强大的军事实力，之前一直不修建城墙的楚国现在却突然讨论起首都的防御问题，这些小国家就这样看穿了楚国再也没有争夺霸权的能力了。子囊一死，楚国就断然开始进行大规模的人事调整。

身为共王儿子的子庚与子囊一起执掌政权，并且成了令尹。显露出外交才能的公子罢戎担任右尹辅佐子庚，处事慎重的蒍子冯担任大司马，屈荡的儿子屈到因精通律法担任莫敖，并一起统帅军队。屈荡担任连尹负责治理要地，公子追舒担任箴尹负责谏诤。还有国家元老养由基担任宫厩尹，可能是顾问一类的职位。

《左传》中引用了君子（也可能是孔子）的话称赞了子囊死后楚国的人事变动。

> 子囊忠。君薨不忘增其名，将死不忘卫社稷，可不谓
> 忠乎？忠，民之望也。

但是这是一种极度重视安全的保守型人事安排。只任用已经经过考验、阅历丰富并且沉稳的人，一方面，对于国家安全是很好的人事安排，另一方面，却体现不出培养国力、蓄势再起的志向。

## 3. 解体迹象三——西部远征军的瓦解和悼公的死亡

公元前 559 年，已经是晋悼公在位的末期，发生了一件事情，

将晋国霸权的衰落暴露无遗。为报三年前在栎大败于秦的一箭之仇，同盟国全部都参加讨秦战争，但是在出兵途中，由于起了内讧而不得不返回本国。由于这件事，作为霸主的晋国威信扫地。

以齐、宋几国为首，承认晋国霸主地位的国家，全部拿出人力组成了征伐秦国的军队。这是一次晋国六卿和三军全部出动的大规模远征行动。大规模的兵团在东部集结起来，秦国只好像以前一样，暂时渡过泾水进行战略撤退。等到联军到了泾水的时候，河面上已经没有船了。所以晋国的叔向调头回去准备船只去了。

由于东方诸国大部分跟秦国没有什么直接的冤仇，所以轻易也不愿意出动。但是最近臣服于晋国的郑国，倒是想要展示出一点儿诚意。郑国的子蟜站出来，首先试图去游说卫国的北宫懿子。

"跟别人一起行动的时候如果不表示出一点儿诚意的话，一定会很受人讨厌。这样的话，你将来准备怎样保全你的社稷呢？"

北宫懿子很同意子蟜所说的话，这两个人走遍了联军阵营的各个国家，催促他们渡河。历经曲折之后，诸侯联军终于决定渡江了。但是很多人丧生于湍急的河流之中。《左传》中写着"秦人毒泾上流"，当然这可能是群众中间流传的一种谣言，因为那时候是夏天，正是传染病暴发的时候。

过了江的军队继续向前进军，一直到了一个叫作棫林的地方，但是让秦国臣服的要求一直没有得到回应。虽然今天无法知道棫林的确切位置，但是一旦渡过泾水就是离秦国首都不远的雍城，这是确定无疑的。秦国据守雍城，做出了不辞一战的强硬表示。这时候，应该是联军统帅荀偃做出决断的时候了，但是面对这种处境，荀偃也很为难。对方是一个强国，同时又在坚守防御，远征军虽然数量上占优势，但是并不擅长攻城，而且士气也不高。特别是齐国和宋国很露骨地表现出了想要收兵撤退的企图。不管是进或是退都很难抉择。但是如果就此调头的话，霸主的威严必将扫地。荀偃最终做出了进攻的命令。

"明天早晨。鸡一叫就开始驾马套车出发。各军都要填平水井，拆掉炉灶。作战的时候，全军将士都要看我的马头来定行动的方向。我奔向哪里，大家就跟着我冲向哪里。"

但是率领下军的栾黡的想法却不同。他的看法是，联军认为秦军人数少，以士鲂为代表的联军将领大意轻敌、备战不力——这也是他总结出来的械林之战失败的原因，当然这是后话了。基于这个判断，栾黡认为自己作为栾氏家族的掌门人，为了一场几乎与自己无关的战争去冒险不值得。他也怀疑作为中军统帅的士匄，是为了给自己父亲士鲂加油助威，才极力要求进攻的。所以他果断地抽身而去。

"我国以前还没有这样领兵作战的呢。我要掉转马头向东去了。"

在表示出对荀偃的独断专行不满的同时，栾黡也很明确地表现出了不愿意参与战争的态度。联军至此出现了三军首长意见不统一的状况，很显然战斗进行不下去了。这时候，人们都等着看下军统帅魏绛的意思，因为魏绛是受君主宠信的人，所以他的想法将起着决定性的作用。在这艰难的时刻，魏绛选择遵守最基本的原则，那就是遵从直属长官的命令。

"中行伯（荀偃）说让各军遵从主帅的命令。我的主帅是栾伯（栾黡），我会遵从他的命令的。"

这样一来，下军也全部掉转马头向东去了。荀偃没有办法，只好撤回了先前的命令。

"我确实下错了命令。即使后悔又有什么办法呢？打起仗来的话，只会增加被活捉的人。"

于是，联军就这样全军撤退了。

虽然栾黡很有威势，但是带领联军远道来此之际，竟然公然违抗命令，这也给家族带来了危险。这时候栾黡的弟弟栾针站了出来。

"这次远征是为了报在栎地遭受失败的一箭之仇，却又一次无功而返，这是我们晋国的耻辱。我作为我们战阵行列位于第二位置的人，这件事怎么能不算是我们的耻辱呢？"

说话间，就和士匄的儿子士鞅一起向敌阵冲去。最后栾针战死，士鞅活着回来了。栾黡失去了弟弟虽然很心痛，但是如果想要抚慰士兵，他就必须接受以弟弟的死换来的树立统帅威信的机会。但是他做不到这一点，他立刻向士匄提出了抗议。

"我弟弟本来是不想去的，是因为受你儿子的挑唆才冲上前线。我的弟弟死了，你的儿子却活着回来了。所以，相当于是你的儿子杀死了我的弟弟。你如果不刺死他的话，我也会杀了他的。"

争吵的结果是士鞅投奔了秦国。栾黡的傲慢这次玩过了头。这对于晋国最大家族的栾氏家族来说，真是个至暗时刻！目睹晋国内部分裂的各诸侯国，现在也明白晋国以后再也不能把秦国怎么样了。就这样，原本是为维持两极体系做出的努力，反而最后起到了加速体系瓦解的作用。

撤军回国后，晋悼公立马撤销了新军。虽然名义上说是没有统帅军队的合适人选，实际上却是减弱发挥霸主作用的信号。这是一种政策变化的信号，因为这种霸主地位实际上得不到任何好处。通过这件事情，发动六军在东西两线同时作战的晋国，作为列强的指导思想逐渐开始矛盾起来。

正好这时候晋悼公去世了。这是楚共王死后两年的事情。在位末年，悼公对逐渐倒向楚国并伺机脱离北方联军的齐国进行了弹压，并成功地处理好了这件事。但是他的才能还不足以阻止两极体系的崩溃。为报复西方的秦国而进行的远征，最终不了了之，作为晋国威严象征的军队规模也只好大规模地缩减。连治理政局的晋悼公最后都死掉了，北方联军失去了轴心。从现在起，春秋时代的世界又将会陷入什么样的旋涡中呢？

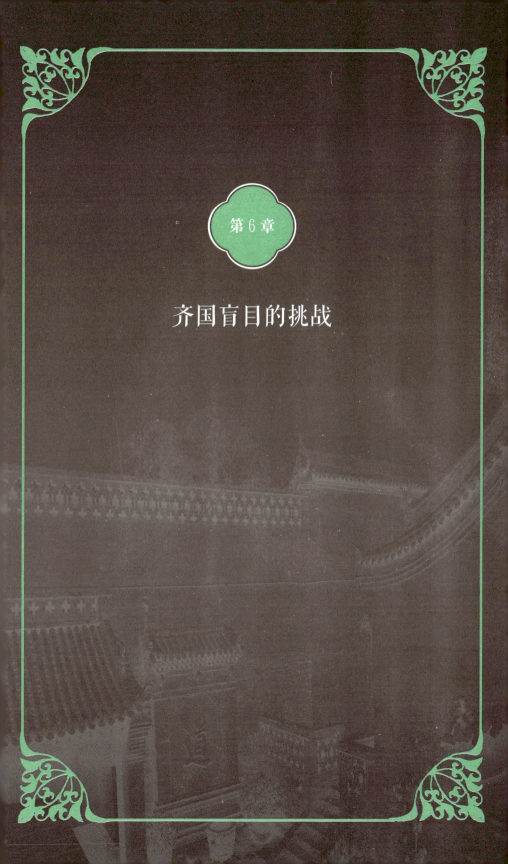

第 6 章

齐国盲目的挑战

两极体系虽已逐渐崩溃，但齐国作为东方大国，想要抬高自己在各国间的政治地位，却一直没有获得令人满意的结果。齐国发现晋国主导的北方各国的关系正在发生着微妙的变化，于是就想与楚国联合，以期抵制晋国，独霸一方。受这个想法影响，齐国上下非常亢奋。但齐国从齐顷公到齐灵公，要么过于勇敢，要么过于胆小，均未取得突出的成就。

其中，灵公尤其庸劣，他想趁晋国势力减退的时机，在各国之间显示自身的存在感，但在平阴之战中却大败于晋国率领的诸侯联军。后院的狐狸（鲁国）每次都能幸免于难。晋国虽衰败如老掉牙的老虎，但齐国与之开展正面交锋仍然力不从心。

就在此时，因晋国世族间的纠葛，栾氏家族的嫡子栾盈逃亡到了齐国。那么，这是不是意味着齐国也有一次机会了呢？

本章将主要分析齐国的盲目挑战及内乱问题，再考察一下另一个主人公晏婴的故事。

## 1. 胆小鬼的不惜一战

公元前 558 年夏，即晋悼公在位的最后一年，齐国出兵包围了鲁国的城池。同年秋，邾国侵犯鲁国南鄙，很明显是针对鲁国展开的佯攻。但同年冬，晋悼公暴亡后，晋国就没再介入，第二年平公继位后，晋国才开始介入东方的纷争。

平公即位的当年春天，沿着黄河来到溟梁，召集大小国家诸侯会盟，齐国的高厚代替君主参加了此次会盟。晋国命令诸侯退回未经霸主同意、擅自侵占的领土。另外，还召集受齐国庇护的邾国和莒国的君主，指责他们放任来往齐、楚两国的使者随意通行。

晋国在温地举行宴会，让各国大夫跳舞，还要求歌唱相似的内容。高厚却唱出了意义完全不同的歌曲。对此，晋国荀偃大怒道："诸侯是不是怀有二心呀？"此外，还要求各国诸侯盟誓。可是，高厚却拒绝盟誓逃回了本国，这明显是不肯承认晋国的霸主地位。但是，以晋国为后盾的小国，在鲁国的带领下纷纷盟誓："共同讨伐与我们心不齐的人！"

同年秋，齐国侵犯鲁国边境，窥探鲁国的情况。于是，鲁国派遣使者前往晋国，请求晋国出兵。使者说道："齐国早晚不断侵扰，实在是忍无可忍。因事关江山社稷，还请贵国尽快采取援救措施。若等到晋国时局稳定，鲁国恐怕已不复存在了。"

但是，依据晋国当时的国情，派兵实属困难。卫、曹、宋等国得知晋国无法出兵，也在边界划定问题上纷争不断。同时，齐国和邾国对鲁国也一直虎视眈眈。

公元前555年（晋平公三年），齐国再次侵犯鲁国边境，晋国以溴梁会盟为依据，召集了所有参加盟誓的国家，终于出兵。齐国的应对方式在很多方面与之前的秦国形成了鲜明对比。

几年前，秦国退居都城防守时，曾表现出不惜一战的强硬态度。然后，晋国军队首领出现了严重分歧，秦国才能击退联军。参战的诸侯国联军本身都处于同床异梦的状态，同时，因后方不稳定，晋国已无法完成独自作战任务。一旦晋国出兵，与齐国结盟的楚国必定会攻打郑国，郑国军心涣散，就会丧失战斗的意志。此时，西方的秦国必然会伺机渡过黄河，因而，晋国很难在东边进行持久战。综合以上因素，只要坚守险要地势抵御联军，就完全可以击退联军的进攻。但是，齐国却做出了恰恰相反的举动。

一方面，盟军元帅荀偃预料到这场战事可能是自己亲身参与的最后一场战争了，他想证明自己虽然气数将尽，但仍是统帅晋国的中流砥柱。荀偃在横渡黄河时，向河神献上了盟誓——又一位春秋贵族准备迎接自己的最后一刻，这段历史被记录在《左传》之中。荀偃的盟誓成了他的最后遗言。

齐国仗着自身地势险要、人口众多，背弃了与各国的友好关系，并违背了誓言，还不断欺凌虐待他国百姓。对此，臣彪（晋平公）将率领诸侯讨伐齐国，他的臣偃（中行偃，即荀偃，荀氏是中行氏的分支）也追随君主参加讨伐。若立下战功，将不再愧对神灵，官臣偃不敢再次渡河。唯神灵制裁！

联合盟军统帅发誓不成功将不再渡黄河，发誓必须取得胜利，表达了坚决维护体系的意志。

那么，在敌营的齐国又有哪些雄心壮志呢？齐灵公决定在平阴与敌人进行正面交锋。联军渡过济水之后，必定会沿着济水南岸北上，很快就会来到背对泰山的平阴，殊死决战将在此地展开。齐国这种欲与联军正面交锋的豪气，确实比之前秦军越过泾水撤退的举动豪迈许多。齐国军营内也有人提议，与其在平阴城外直接迎敌，不如后退至泰山附近河流与济水相交的狭窄处开战，但是灵公坚持要在平阴与联军进行正面对决。

据说当时在平阴城的城墙外建造了用于防守的战壕，战壕长达一公里。正式开战后，齐国将士死伤惨重，但在攻城战中，攻城的一方往往是十分不利的。联合盟军阵营的士匄看穿了对方的弱点。他意识到齐国无非是缺乏实战经验的胆小鬼，就故意向齐国的析文子透漏出这样的信息："实不相瞒，我胆敢向你隐瞒实情吗？鲁、莒两国已出动了一千辆战车攻打贵国，为晋国助战，所以晋国已经同意两国的出兵请求了。如果鲁、莒两国攻打贵国，贵国必败无疑，还请做好防备呀！"

析文子连忙向齐灵公报告，不管消息是真是假，都足以威胁胆小如鼠的齐灵公。如果鲁国从泰山南边进攻，莒国绕过泰山从东边进攻，攻至西边，那齐国将如之奈何，岂不是会危在旦夕？当时，晏婴因其父病逝继任齐国大夫，他听到这个消息之后不禁叹息：

君固无勇，而又闻是，弗能久矣！

胆怯的灵公竟然跑到巫山观望敌情，险要之处和要塞都飘扬着联合军的旌旗。其实，这也是晋国军事指挥部为了夸大声势而伪装的骗局。果不其然，灵公被吓破了胆，撤下守军逃回了齐国。齐国将士也趁着天黑全部撤退。可见，灵公的不惜一战也仅仅是一种虚张声势罢了。

平阴失守后，联军直抵齐国的都城临淄。联军将都城重重包围，同时杀人放火、掳掠财物。各国军队组成的联军，原本是很难攻破临淄城的。尽管如此，被吓到的灵公却欲丢弃都城逃亡。此时，齐国世子拉着马缰阻止并劝道："师速而疾，略也。将退矣，君何惧焉！且社稷之主不可以轻，轻则失众。"

尽管如此，灵公陷入了极度恐慌之中，仍然只想着逃亡。无奈，世子拔剑斩断了马鞍，灵公这才回过神来。果然，联军在齐国大肆掳掠后便匆匆撤兵离开了。灵公和世子的反应与壬辰倭乱时朝鲜宣祖和光海君的反应如出一辙。

由此，齐国的挑战严重受挫，不得不与晋国和亲。和亲盟誓的内容如下："大国不侵犯小国。"不久后，灵公因病离世。

齐国的实权派人物崔杼将战败的责任归咎于高厚，并将其处死。辅佐懦弱的君主，耀武扬威就好比犯罪。高厚遵照君主的意愿行事，最终却含冤而死。荀偃则在回师途中光荣去世。人生在世都有一死，但有重于泰山的死，也有轻于鸿毛的死，其价值是完全不同的。

齐国的离经叛道以失败告终，但战败原因不在于晋国的军事力量，而在于齐国的军心涣散。当然，齐国不会善罢甘休，不管何时，只要有机会，依旧要向晋国的霸权发起挑战。很快，齐国迎来了再次挑战晋国的机会。


## 2. 栾盈逃往齐国

晋国的霸权地位不断受到挑战，世族也渐渐缩减为几个。一个家族势力壮大了，其他几个家族就会联合起来共同抵制。一旦被这些家族抓住把柄，他们就会与君主勾结起来，一同打倒这一家族并瓜分其家产。贵族社会这种残酷的暗斗先后造成了郤氏、先氏等家族的灭亡，大世族栾氏也未逃脱被灭门的命运。

在讨伐秦国的远征军中担任下将军的栾黡，其一举一动都是当时全天下的热门话题。栾黡不仅不服从联军元帅的命令，还私自赶走士鞅，丧失了国内外对他的信赖。老练的秦景公也察觉到了这一问题。《左传》中记载着秦景公与逃往秦国的士鞅间的秘密对话。

> 景公："晋大夫其谁先亡？"
> 士鞅："其栾氏乎！"
> 景公："以其汰乎？"
> 士鞅："然。栾黡汰虐已甚，犹可以免，其在盈乎！"

栾黡的父亲栾书废厉公，立悼公，因而栾氏家族在悼公执政期间地位显赫。此外，栾书虽有实权，但为人非常清廉，而且武艺超群，无人能敌。但花无百日红，在贵族社会中家门的显赫并不能永久。中国历史上大家族的命运，尤其是反政功臣家族的命运，可总结出一定规律。反政成功后，功臣家族在新君主的宠爱下飞速成长，一旦面临政权交替问题，君主就会牵制功臣家族。通常第二代子孙就不具备前代的政治手段和人格魅力，反政家族往往会在第二代或第三代灭亡。士鞅讲的正是这种道理，他说："栾黡或许可幸免于难，但其后人恐难逃此劫。"

让我们根据《左传》和《国语》的记载，来考察一下栾氏家族的没落过程。

士匄的女儿嫁给栾黡后，生下儿子栾盈。因而，士匄是栾盈的外祖父，士匄的儿子士鞅是栾盈的舅舅。栾氏家族陷于危难之时，士鞅从秦国被释放回了晋国。士鞅因被栾黡逐出晋国，一直对此事耿耿于怀，所以也不喜欢栾黡的儿子栾盈。威风一世的栾黡去世后，士匄掌握了国政。栾黡的妻子，即士匄的女儿栾祁与州宾私通，却又害怕栾盈找自己算账。因而，这个被奸情蒙蔽双眼的女人决定先下手为强，她到其父士匄那里，诬告了自己的儿子。

"栾盈要作乱，因为他认为是我们范家害死了他父亲，擅自独掌晋国的大权，他说，'我父亲放逐了士鞅，士鞅回到晋国后，我父亲没有怨恨他反而宠爱他，又让他和我担任同样的官职，而使他得以独断专权。父亲死后，士鞅变得更加富有，还独揽国内大权，我无法服从他，唯有死路一条。'他的计划正是如此，怕伤害到您，我不敢不说。"

栾盈是个豪杰，既有复兴家业的雄心壮志，又乐善好施，因而有很多名士心甘情愿地追随他。正因为如此，士匄才会更加注意提防栾盈。最终，士鞅出面做证，利用士匄之女栾祁的说辞，将栾盈放逐至筑城。栾盈最终逃亡到了楚国。

当时，追随栾盈的大多数人都受牵连被杀，就连叔向这么正直的人也被囚禁了一段时间后才释放。可以说，当时的肃清整顿已达到了引发内乱的程度。晋平公害怕肃清整顿会引发内乱，就与士匄一同主导肃清的势力，一定要将栾氏斩草除根。《国语》中详细记载了当时一段残忍的对话。平公与阳毕（叔向）商讨栾盈之事时，担心国家会生乱。

阳毕（叔向）回答说："夫栾氏之诬晋国久也，栾书实覆宗，弑厉公以厚其家，若灭栾氏，则民威矣。"

平公仍觉不妥，说："栾书立吾先君，栾盈不获罪，如何？"

阳毕再次劝告平公说："夫正国者，不可以昵于权，行权不可以隐于私。昵于权，则民不导；行权隐于私，则政不行。政不行，何以导民？民之不导，亦无君也，则其为昵与隐也，复害矣，且勤身。君其图之！若爱栾盈，则明逐群贼，而以国伦数而遣之，厚箴戒图以待之。彼若求逞志而报于君，罪孰大焉，灭之犹少。彼若不敢而远逃，乃厚其外交而勉之，以报其德，不亦可乎？"

外表看似优雅高贵的贵族社会，在权力和利益面前竟然如此绝情。栾书弑杀厉公掌握了国权，但在离世时竟无一个献祭用的器皿、祭器。无论他有多么清廉，当其家族一旦被政敌抓住把柄，对方就会咬住不放。

在晋国丧失立足之地的栾盈，也只能亡命国外。还有追随栾盈的知起、中行喜、州绰、邢蒯等人，也一同逃到了齐国。这些都是绝非一两日就能培养出来的人才，因此对于晋国来说是巨大损失。

因为逃亡到齐国的都是晋国的人才，栾氏朋党众多，加之栾盈深得人心，晋国朝廷不免担心大批量人才外流。于是，下令杀戮跟随栾盈逃亡的人。栾氏家臣辛俞执意要逃跑，被捕后平公直接审问他："国有大令，何故犯之？"

辛俞回答说："臣顺之也，岂敢犯之？执政曰'无从栾氏而从君'，是明令必从君也。臣闻之曰：'三世事家，君之；再世以下，主之。'事君以死，事主以勤，君之明令也。自臣之祖，以无大援于晋国，世隶于栾氏，于今三世矣，臣故不敢不君。今执政曰'不从君者为大戮'，臣敢忘其死而叛其君，以烦司寇。"

辛俞虽是一介家臣，但气概堪比一位贤士。平公一再制止他跟随栾氏，还用厚礼来笼络他，但辛俞始终不肯。平公最终知道不可能阻拦辛俞的逃亡，于是放走了他。

从各种史书记载来看，栾盈带领无数勇士和贤士逃亡到了国外。由此可见，他是一个名副其实的英雄豪杰。他无法躲避无情的权力之争，而在这场权力斗争中，春秋实战英雄们的立足之地也变得越来越小。

晋国为了阻碍栾盈的前途，甚至不惜召集诸侯会盟。可见，他的逃亡给晋国带来的影响之大。晋国一代大世族最终迎来了灭亡，栾盈先逃到了楚国，后又逃亡到齐国，梦想着东山再起。

## 3. 晏婴反对栾盈入境

栾盈的逃亡引发了一场闹剧，本书的另一位主人公晏婴也被牵扯到其中。司马迁在《史记·管晏列传》中对比了齐国的两位大臣——管仲和晏婴。

假令晏子（晏婴）而在，余虽为之执鞭，所忻慕焉。

那么，晏婴到底是一个怎样的人，竟能让司马迁如此仰慕呢？

晏婴出生于齐国的中层阶级家庭，《史记》中记载他是"莱之夷维人也"。他的祖先有可能是莱国人，但在晏婴这一代，晏氏家族已经在齐国站稳了脚跟。《左传》中可以查到晏婴的父亲晏弱（晏桓子）的事迹。尤其是公元前589年，晏弱和高固一起被派遣参加晋国在靡笄之役之前召集的会盟。由此可见，晏氏是当时非常有声望的家族。根据史书记载，晏弱主要负责齐国的外交事务。

公元前556年，晏弱去世，晏婴继任了父亲的职务。晏婴出现在政治舞台上的时候，正是齐国国势衰退之时。晋国以霸主自居，齐国虽屡次发出挑战，但每每都以失败告终。齐国对鲁国虎视眈眈，但鲁国每次都依附于晋国做出反击，齐国也无能为力。另外，齐国公室也渐渐衰退，名门望族为了扩大势力，互相残杀，其中也有君主被弑杀的案例。太公时期的繁华一去不复返，齐国与晋国或楚国相比，依然相差甚远。

晏婴辅佐了灵公、庄公、景公三代君主，是一位名副其实的贤相名臣，但他也无法阻挡齐国衰退的步伐，晏婴晚年还要抖擞精神收拾齐国被南方吴国欺凌的残局。晏婴想要阻止齐国这头老黄牛衰退的步伐却无法实现。他和子产都是能言善辩的演说家，为人清廉的道德主义者。同时他对天下形势有敏锐的洞察力，留下了"南橘北枳"等精辟的名言，他的事迹记录在《晏子春秋》中，他正如一个想要牵绊黄牛向衰退迈开的步伐，却又力不从心的牧童。

胆小的齐灵公去世后，齐庄公即位。庄公名光，从谥号就可看出他是个有胆识的人，但他即位的过程并不顺利。齐庄公本是齐国

晏婴像（左图）和晏婴墓（下图）

世子，也曾以世子的身份参加各国会盟，齐国内外也公认他是齐国世子，但后来齐灵公却改立宠妃所生的公子牙为世子。

崔杼见齐灵公病重，就迎回了光，拥立他为齐国之主。光复位世子之后，囚禁了世子牙，又弑杀牙的母亲，将其尸体示众。可见庄公的性情略显偏激，庄公没有忘记平阴失败的耻辱。恰好此时栾盈逃到了齐国，齐国凡是略有远见的人都不同意接纳栾盈，晏婴也向庄公谏言："商任的会见，接受晋国的命令。现在接纳栾氏，准备怎么任用他？小国所用来侍奉大国的是信用，如果失去信用，不能立身立国。君主还是考虑一下。"

但是，庄公并没有听取晏婴的谏言，因为他的内心一直有再次攻打晋国的野心。

## 4. 黄牛的鼠辈行径——齐庄公攻打晋国

《晏子春秋》①中记载了齐庄公极其宠爱勇士，不采纳其他重臣建议的史实。当时正值齐庄公欲计划动用武力之际，书中记载了齐庄公和晏婴的对话。

"威当世而服天下，时耶？"

"行也。"

---

① 《晏子春秋》重复了很多《左传》《国语》《墨子》《庄子》中的内容，还引用了一些战国时代流行的传说，所以这本书并未被认定为史书。同时，还有人怀疑现存的《晏子春秋》是司马迁之后的人的伪作。可是，在山东银雀山汉墓中发现了《晏子春秋》，证明了这本书至少是西汉之前的著作。这本书大体包含了战国时代有关晏婴的齐国史记，还有当时流行的诸子百家类资料，应该是由某个人编辑成册的。书中包含了其他史书上没有提及的具体地名和人名，并且与历史事实相一致，整体内容具有连贯性，确实与小说不同，绝非是靠作者的想象编写而成的。

"何行？"

"能爱邦内之民者，能服境外之不善；重士民之死力者，能禁暴国之邪逆；听赁贤者，能威诸侯；安仁义而乐利世者，能服天下。不能爱邦内之民者，不能服境外之不善；轻士民之死力者，不能禁暴国之邪逆；慲谏傲贤者之言，不能威诸侯；倍仁义而贪名实者，不能威当世。而服天下者，此其道也已。"


齐庄公过于崇尚武力，趁着晋国势力衰退，倾尽全力培养勇士。晏婴非常警惕这种倾向，才向庄公谏言的。霸业并不能仅靠军事武力实现，一定要有对内对外的名分做后盾。如果齐庄公仅凭亲近勇士，无任何恰当的借口，趁着对方国家内乱时采取行动，那么，无疑会造成齐国在天下形单影只、孤立无援的局面。晏婴看穿了这一点才向庄公谏言，无奈齐庄公不仅听不进去，还视栾盈的流亡为雪耻平阴战败的机会。

公元前 550 年春，齐庄公借给晋国赠送贡女的机会，派遣栾盈潜入晋国曲沃，打算让栾盈在晋国内部与外部的自己形成内外呼应，攻打晋国。

值得庆幸的是，栾盈顺利潜入曲沃，从曲沃到晋都城绛可谓咫尺之遥，他们打算以曲沃为根据地侵入都城，复兴栾氏家族。栾盈其实并没有攻击君主之心，一心只想报复范氏（士匄），他趁着夜晚先找到了胥午。栾盈在晋国深得人心，因而很多人都未忘记他，但想要在晋国发起叛乱实属不易。胥午劝栾盈说："不可。天之所废，谁能兴之？子必不免。吾非爱死也，知不集也。"

栾盈十分恳切地说："知也，虽因子而死，吾无悔矣。我实不天，子无咎焉。"

结果，胥午也参与到了毫无胜算的战斗中，他邀请曲沃人喝酒，问道："今也得栾孺子，何如？"

在座的人纷纷回答："得主而为之死，犹不死也。"想到栾氏的恩情，众人都在叹息，有的扼腕流泪。[①]

胥午又继续试探大家，众人一起说："得主，何贰之有？"于是胥午请出栾盈。栾盈对在座的人一一下拜、感谢，复仇的前期工作就这么悄然拉开了序幕。

同年四月，栾盈带领曲沃的旧部，凭借魏舒的帮助，进入晋国都城绛。魏舒是魏氏家族的嫡孙，因父亲魏绛功高于人，他在朝中位高权重。栾盈又曾在魏绛手下担任下军部长，因而两家关系非常亲密。

但其余的世家都与栾氏有仇，赵同和赵括无辜被杀时，栾氏曾积极出面做证，害赵氏家破人亡，所以赵氏和栾氏关系恶劣。韩氏又与赵氏交好，所以这两个世家都不会支持栾盈。攻打秦国时，栾黡不服中行氏（荀偃）的命令，得罪了中行氏，中行氏与范氏交好。于是，只有魏氏和栾盈的旧部支持栾盈。如果栾盈以曲沃为根据地进攻晋都，加上魏氏和旧部的呼应，气势也足以威胁范氏了。

听闻栾盈带军队杀进绛城，范氏惊恐不已。这时，国君的谋士乐王鲋立即站出来，提出了自己的看法。乐王鲋很清醒，他非常清楚发生内乱时的应对之策。首先，建议士匄以保护君主为由抓捕那些立场不坚定的人。他说："奉君以走固宫，必无害也。且栾氏多怨，子为政，栾氏自外，子在位，其利多矣。既有利权，又执民柄，将何惧焉？栾氏所得，其唯魏氏乎！而可强取也。夫克乱在权，子无懈矣。"

身经百战的士匄听到这一番话恍然大悟，立刻陪着平公进入固宫。他的儿子士鞅则赶到魏舒的家，恰好碰见魏舒正在准备战车，

---

① 《左传》中记载，胥午邀请曲沃人喝酒，询问有关栾盈之事，引用众人"皆叹""皆同"等词汇，描述当时的氛围。由此可见，栾氏从先代开始就在曲沃有强大的人望，栾盈也是相当有威望的。曲沃是当时晋国的第二大城市。

要出去响应栾盈。士鞅急忙喊道："栾氏帅贼以入，鞅之父与二三子在君所矣。使鞅逆吾子，鞅请骖乘。"说着便拉着魏舒的带子，跳上了战车。

士鞅拿着剑，下令驱车赶到固宫，魏舒瞬间成了人质。士匄双手握着魏舒的手，上前迎接并迅速提出了协商的提议。他说："将曲沃送与你。"

在士匄的威逼利诱之下，魏舒只好站到了士匄一边。与此同时，他又派刺客暗杀了栾氏的领头勇士督戎，刺客名叫斐豹。

国君被困、同盟背叛、顿失手足的栾盈束手无策，绝望之余攻打固宫，但终究没能成功，只好带着残兵败将逃回曲沃城死守。晋都的军队乘胜追击，包围了曲沃。①

当栾盈在晋国起义功败垂成、萎靡不振之时，齐庄公准备带领军队攻打晋国，晏婴立即出面指责，并反对庄公出兵："君恃勇力以伐盟主，若不济，国之福也。不德而有功，忧必及君。"

上述描述是在《左传》的基础上编写的，《晏子春秋》中记录的忠告则更加直接："不可。君得合而欲多，养欲而意骄。得合而欲多者危，养欲而意骄者困。今君任勇力之士，以伐明主，若不济，国之福也，不德而有功，忧必及君。"

齐庄公非常不满意，执意下令出兵，带兵的人有狼蘧疏、夏之御寇、烛庸之越等，这些人的名字和中原的名字大不相同。《晏子春秋》中也有记载，说齐庄公大加录用有勇力之人，排斥其他大臣，由此可见，带兵的这些人可能并不是齐国人士，而是来自齐国的封地或属国，尤其是东部地区的少数民族。

在晏婴看来，晋国的内乱已有平复的端倪，在这种情况下，出兵远征实属得不偿失。崔杼虽有纵观全局的远见，但他为人不诚，

---

① 《史记》中记载栾盈气焰高涨，使得平公一时萌生自杀的念头，但根据当时的情况来看，这种记载应该不实。

表面上劝勉平公，实际上却摆出事不关己的态度。

齐庄公的军队向西推进，攻取了朝歌，越过太行山抵达荧庭（现山西省翼城），筑起了堡垒。明显是要与曲沃的栾盈左右夹攻打晋都。并且，他还将晋军士兵的尸体堆积，筑成一处景观，以雪平阴战役的前耻，但也就仅此而已。栾盈困在曲沃，曲沃城眼看就要被晋军攻陷，庄公索性收兵撤退了。晋国的赵胜召集了太行山东边的军队，一路追赶齐国的军兵，俘虏了晏氂。

就这样，齐国打了一场毫无战果的战争。齐庄公从朝歌回师，并没有直接回临淄，反倒突袭莒国。这是为报复莒国在平阴之战中帮助晋国攻打齐国之事。可攻打莒国绝非易事，在袭莒的战斗中，齐国将领华周英勇战死，后来齐莒讲和，结束了战事，齐军这才返回国都。

当时，鲁国的名臣臧武仲（臧孙纥）因鲁国贵族间的矛盾逃到了齐国。庄公准备封给他土地，并且对他说起进攻晋国的事。他回答说："功劳虽多，但君主却像老鼠一样，白天藏起来，夜里出动，不在宗庙里打洞。这是怕人的缘故。现在君主听说晋国发生内乱就出兵，那么，晋国一旦安宁了，君主还准备侍奉晋国吗？这不是鼠辈又是什么？"

真是露骨的讽刺呀！齐庄公听后大不悦，没有赐给臧武仲田地。一国之君被亡命之徒讽刺成了一只老鼠，在天下又会有什么好名声？堂堂的齐国君主使用诈术，还被人识破，恰似做坏事的黄牛那样鬼鬼祟祟，完全是令人不齿的鼠辈行径。

## 5. 思想家晏婴——"我为什么要跟着一起死？"

晏婴之所以在中国历史上备受瞩目，是因为孟子传承了他的思想，并且为儒教的人文主义打下了坚实的基础。坦率地说，他认为百姓的统治者并不是君主，而是国家（社稷）。他的思想核心是：百姓是国家的成员，士大夫最终要为百姓负责。这是一种民本主义思想。

晏婴在政治舞台上崭露头角时，齐太公（姜尚，即姜子牙）和桓公的名声与威严早已不复存在。齐国虽已渐渐脱离了强者的行列，但没落的现实节点是崔杼弑庄公事件。

齐庄公借崔杼之力登上了宝座，所以对庄公而言，崔杼是不折不扣的功臣，但崔杼却没有和晋国的栾书一样的忠诚之心。庄公为攻打晋国出兵时，他也仅仅劝慰了庄公便作罢。晏婴得知此事后，批判道："崔子（崔杼）将死乎！谓君甚，而又过之，不得其死。过君以义，犹自抑也，况以恶乎？"

崔杼和庄公这两人的一场闹剧及最终结局，似乎在诉说着，在漫漫历史长河中，终会有因果报应的存在。

齐国的棠公之妻棠姜是位美人，棠公死后姜氏成为寡妇。崔杼去吊唁时被棠姜的美貌所惑，想娶棠姜为妻，但周围的人以官例和占卜为由，纷纷表示反对。崔杼不顾周遭人的反对，迎娶了棠姜。《史记·齐太公世家》中记载，崔杼备受齐惠公的宠爱，齐惠公于公元前 599 年逝世，就算当时崔杼年有二十，那近五十年后迎娶棠姜时，他已经是七十岁的老翁了。所以可以说，这个行将就木的老人是利用权力和金钱，强娶了美貌的寡妇。

问题是齐庄公也被棠姜的美色迷惑，无耻的程度并不亚于崔杼。庄公比崔杼年轻，他经常到崔杼家里与棠姜私通，有时还将崔杼的衣冠带回来赐给别人。侍者看不下去，说道："不为崔子，其无冠乎？"崔杼得知后，就预谋弑杀齐庄公。[1]正如杀死高厚作为平阴之战的代罪羔羊一般，他计划杀死齐庄公以讨好晋国。

---

[1] 《史记》记载齐庄公在侵犯晋国时，崔杼曾与晋国密谋弑杀齐庄公的计划，只不过没能把握时机，这种观点过于偏向阴谋论，本书大体上遵循《左传》的内容。

恰好莒国君主到齐国朝见，崔杼称病在家，于是，庄公就以探病为由去看望崔杼。庄公不知崔杼早有预谋，便习惯性地乘机与棠姜幽会。可是，棠姜进入室内后，就随着崔杼从侧门逃出。一直侍奉残暴的庄公，时常被欺凌的侍从贾举，禁止庄公的其他随从入内，关上了大门并从里面反扣住大门。这时，崔杼的甲士们一拥而上追赶庄公。齐庄公被追赶至露台请求免死，众人不答应，他又提出让其自杀的请求，也被甲士们无情地拒绝。

他们说："君主的臣子崔杼病得厉害，不能听取君主的命令。这里靠近君主的宫室，陪臣巡夜搜捕淫乱之人，此外不知道有其他命令。"齐庄公情急之下想跳墙，但被人用箭射中了大腿。因而，庄公未跳出墙便掉了下去，后来被杀死。

这一时期，州绰等众多勇士都被杀害。州绰跟随栾盈逃亡至齐国，对齐君忠心耿耿，犹如对栾盈一般忠诚。崔杼杀死了所有对齐庄公忠心的人。祝佗父在高唐进行祭祀，穿着祭服前往崔杼家的途中被杀。申蒯对家臣说："你可以躲避这场灾祸，但我要去受死了。"家臣却说："我如果逃避一死，就是逆反大人的公义。"之后便和申蒯一同受死。在这种混战时期，有义气、有胆量的人都被处死，胆小无能的鼠辈则苟且偷生，那么晏婴又如何呢？

晏婴听说齐庄公被崔杼杀死后，不顾个人安危毅然带着侍从来到崔杼家门前吊唁庄公。侍从看到他的神色，很担心地问："您将为国君而死吗？"

晏婴说："难道是我一个人的国君，我应该为他而死？"

侍从又说："那么我们为何不逃跑呢？"

晏婴说："难道国君的死是我的罪过，我要逃跑？"

"那么我们还是回去吧？"

晏婴说："国君都死了，我回到哪里去呢？作为万民之主，难道只是为了利用他的地位来高跨于百姓之上？应当主持国政！作为君主的臣下，难道只是为了获取俸禄？应当保卫国家！所以君主为国家而死，那么臣下就应该为他而死；君主为国家而逃亡，臣下就应该跟他逃亡。如果君主只是为了自己的私欲而死，为个人的事情而逃亡，不是他宠爱的人，谁敢承担责任，为他而死，为他而逃亡呢？可是我现在又能回到哪里去呢？"

说罢，晏婴径自闯进崔家，脱掉帽子，捶胸顿足，不顾一切地扑在齐庄公的尸体上，号啕大哭了一场，然后起身离去。崔杼的左右欲杀掉晏婴，崔杼对晏婴也早已恨之入骨，但转念一想，对身边的人说："他是百姓所仰望的人，杀了他，我就会失去民心。"

晏婴是在挑战春秋的伦理纲常，他对君主是这个舞台的主人公提出了异议。他认为士大夫与社稷（即国家）是一种契约关系，他视权力为公器。

从此，除了君主以外，还会有更多卿士或大夫作为历史的主人公出场，世界正在悄悄发生着变化。从晏婴的言行举止中，可以觉察到人们思想上的微妙变化。

《孟子·梁惠王》中记录着以下的对话。对话为齐宣王提问，孟子回答。

宣王："汤放桀，武王伐纣，有诸？"
孟子："于传有之。"
宣王："臣弑其君，可乎？"
孟子："贼仁者谓之贼，贼义者谓之残，残贼之人谓之一夫。闻诛一夫纣矣，未闻弑君也。"

"放伐"是孟子话语中众所周知的词语之一，也是民本主义思想的象征。孟子抛弃的所谓的仁、义的人，指的是没有资格做君主的人。那就要进一步分析这句话的意思，孟子为什么会说出这样的话呢？

齐宣王是战国时代中期杰出的君主，他秉承先代之志，在稷下学宫培养出了无数的学者，是一位文化君主。

他之所以问孟子，并不是因为他不懂，而是在反问孟子旧典故会不会太迂腐了。战国时代中期，周王室依然存在，齐国君主却称之为王。根据孔子的正名思想，这本身就是相矛盾的，但却是现实。齐宣王问的是："君主的权利已经如此庞大而又稳定，还需要放伐君主的理论吗？"孟子立即站在士大夫的立场回答了宣王的问题，他说制定和实施道德理论的人正是士大夫（仁者与义者），而伤害士大夫的人没有资格称王。

有史以来，统治者走马灯一样换来换去，就算没有"放伐"理论，改朝换代也是不争的事实。关键在于，君主虽然不断被替换，但以君主为中心的国家权力却在不断地扩大。现今的民主主义社会国家的权力远比古代专制主义社会国家的权力要大得多，尽管这不符合我们的常识。即便桀纣是个暴君，他也不敢像现在北欧最发达的民主主义国家一样，收取人们收入的百分之五十作为税金。公元前的任何一个国家都无法像现今的国家一样，可以引发一场世界大战。

国家权力的不断扩大，让君主产生了一种错觉，即国家权力的扩大意味着君主个人权力的扩大。他们认为君主的权力变得越来越大，"谁还能把我怎样"。但是，以史为鉴，强大的君主也会败亡，而且会摔得更惨，不断变强大的是国家，而不是君主本人。

随着君主权力不断扩大，限制君主权力的势力也在不断成长，而推动这一进程的正是士大夫。他们作为君主的左膀右臂，不仅拥护君主的权力，同时自称道德的守护者，也限制着君主的权力。一开始他们是君主的宝剑，是驰骋战场的武将，为君主开拓领土，渐渐地他们变成了文士，因为农民逐渐代替了古代武将的特权地位。士大夫虽拥护君主的权力，但另一方面还要限制君主的权力，这种统治和被统治的双重身份，让他们不得不从自身利益出发，并且通常他们会和君主站在统一战线上来维护国家的权力。

孟子所言正是此意，他所谓的"独夫"不是通常所说的人文主义理论下的名词，而是带有阶级色彩的表达方式。君主的权力不再是个人所有，而渐渐被国家，即古代的"社稷"所替代。

下面再来看看士大夫限制君主权力的一段论说，会帮助我们理解晏婴对待庄公死亡的举动。

《左传·襄公十四年》记载了晋悼公和宫廷乐师师旷的对话。当时，卫献公被赶到了齐国。有一天，晋悼公问师旷说："卫国人赶走他们的国君，未免太过分了吧？"

师旷回答说："或者其君实甚。良君将赏善而刑淫，养民如子，盖之如天，容之如地。民奉其君，爱之如父母，仰之如日月，敬之如神明，畏之如雷霆，其可出乎？夫君，神之主而民之望也。若困民之主，匮神乏祀，百姓绝望，社稷无主，将安用之？弗去何为？天生民而立之君，使司牧之，勿使失性。有君而为之贰，使师保之，勿使过度。是故天子有公，诸侯有卿，卿置侧室，大夫有贰宗，士有朋友，庶人、工、商、皂、隶、牧、圉皆有亲昵，以相辅佐也。善则赏之，过则匡之，患则救之，失则革之。自王以下，各有父兄子弟，以补察其政。史为书，瞽为诗，工诵箴谏，大夫规诲，士传言，庶人谤，商旅于市，百工献艺。故《夏书》曰：'遒人以木铎徇于路。官师相规，工执艺事以谏。'正月孟春，于是乎有之，谏失常也。天之爱民甚矣。岂其使一人肆于民上，以从其淫，而弃天地之性？必不然矣。"

孟子的"放伐"思想来自师旷和晏婴。此后，战国时代的君主都是以国家权力代理人的身份登上历史舞台的。国家的意义渐渐扩大，渐渐包罗了所有的百姓，同时，君主利用的国家权力，尤其是作为君主的动员能力也随之变大。如果说晏婴、师旷、孟子是思想史上引领变化的代表人物，那么，本书的主人公子产正是看破国家与君主之间关系的人。子产即将登上历史舞台。

第 7 章

# 八面玲珑的子产登上政治舞台

凭借着一条妙计，郑国在得到楚国的默许后向晋国俯首称臣。其后，在晋国远征时，郑国也曾率先参与其中，在与齐国开战时也积极地贡献了自己的力量。但至此，郑国的苦难历程并未结束。自古以来，和平的生活都要以一定的代价来换取，向晋国缴纳的贡品日益加重了郑国的负担。

　　子产就在此时以政治家的身份正式登上了历史舞台。尽管霸权时代已逐渐走向没落，但要想在天下秩序中找到突破口并非易事。齐灵公及齐庄公在位时，已经察觉到了天下大势的变化，意欲挑战晋国的权威，却最终成了各国的笑柄。这是因为他们虽然察觉到了变化的开端，却没有把握住变化的方向。

　　子产在登上政治舞台后，郑国的政治方向也发生了转变。子产自担任相位以来，能够审时度势地灵活应对，这是因为子产能够准确细致地了解各势力间的争斗，同时又能够准确把握国家间关系的走势。子产的游刃有余来自坚实的理论基础。本章将以子产的行动为线索来分析天下政治战略。

## 1. 初登卿位

　　子孔位列子产叔父辈，为人独断专横，有关内容不再详述。子孔固执己见，从不听取他人的意见。联军接到鲁国的请求后，意欲出兵攻打齐国，因此国内的主要大臣及部分兵力，被投放在了战争前线。而此时子孔却拉拢楚国意欲除掉国内的政敌，他给楚国的令尹子庚写了一封信："请楚国出兵，届时将在内部呼应。"

　　子景当时已从子囊身上学到了为政的胸襟，也知晓行事的正道，加上当时子孔在郑国内部未能获得民众的支持，子孔的计划能否实现也是未知数。子景考虑到这些因素，打算回绝子孔的请求。但楚康王却一直认为自己与历代君主相比功绩平平，因此不想错过这个绝妙时机。面对这样的情况，子景在无奈之下只得派兵出击。

　　当时守卫国都的大夫子蟜、伯有、子长等人已经看破了子孔的阴谋，竭尽全力守卫郑国国土，同时将宫殿滴水不漏地保护起来。如此一来，子孔便陷入了两难境地，既不能带领军队与楚国军队交战，又不能威胁宫中的君主。最终楚国军队只能在郑国外围走了一

子产 身为理论家、行动家、小国之卿，在诸多强国中审时度势，使郑国在列强的入侵和压迫之下仍旧生存了下来。

遭，无果而返。

子孔的所作所为决定了他的政治生涯必将是一片混乱。出征齐国的郑国大夫们归来后，立刻向子孔问罪。以子展和子西为核心，他们带领手下的军人向子孔展开了攻击。子孔也与自己一直重用的子良、子革联手进行了反攻。只可惜子孔未获人心，最终在被俘后一命呜呼，子良和子革也只得流亡楚国。此后子展和子西承担了郑国的政治重任，子产也登上了卿位。子产在叔父辈的夺权战争之中脱颖而出，开始了自己的政治生涯。

## 2. 秉持公理走上政治舞台

公元前551年夏天，子产所说的一番话，向外界昭示了自己的存在。当时晋国的名门望族栾氏的嫡子栾盈流亡后，晋国内部的政局变得愈加混乱。齐国则借此时机力求东山再起，独霸一方。

晋国此时派人到郑国，邀请郑国国君访问晋国。此前晋国也曾多次提出过类似的要求，每次都使郑国倍感屈辱。过去晋国提出要求时，郑国国君时而亲自出行，时而以战争为由来拒绝晋国。只是面对着强大的晋国，郑国不能每次都选择以硬碰硬。子产此时位及少正，是排在执政正卿之后的第二号重要人物。晋国在此次文书中运用了典型的外交辞令，一方面用词模糊不清、略带谦虚，另一方面又提醒郑国要直面现实，诱导郑国听其指令。子产思索后做出了如下的回答。在此省去开头的外交辞令，着重看后半部分。

> 晋于是乎有萧鱼之役。
>
> 谓我敝邑，迩在晋国，譬诸草木，吾臭味也，而何敢差池？
>
> 楚亦不竞，寡君尽其土实，重之以宗器，以受齐盟。遂帅群臣随于执事以会岁终。贰于楚者，子侯、石盂，归而讨之。
>
> 湨梁之明年，子蟜老矣，公孙夏从寡君以朝于君，见于尝酎，与执燔焉。间二年，闻君将靖东夏，四月又朝，以听事期。不朝之间，无岁不聘，无役不从。以大国政令之无常，国家罢病，不虞荐至，无日不惕，岂敢忘职？大国若安定之，其朝夕在庭，何辱命焉？若不恤其患，而以为口实，其无乃不堪任命，而翦为仇雠，敝邑是惧。其敢忘君命？委诸执事，执事实重图之。

从上面的内容可以看出，这与过去郑国进退维谷时所写的外交辞令大相径庭。一方面详细陈述了郑国的立场，但又没有让人感觉郑国打算背水一战。子产深知若想在各国中通过外交来获取利益，最紧要的莫过于做足礼数。每当各国政局发生变动时，子产总能找到合适的时机，公理就是他最重要的武器。这是因为以道理为武器才能保证安全第一。这与不按公理行事的齐国形成了鲜明的对比。

## 3. 自由主义者的战略——将国家与政治区分开来

士匄成为晋国正卿后，向各诸侯国索要更多的纳币。邻国郑国的负担在日益加重。在这样的情况下，作为政治家的子产想出了怎样的对策呢？

国家其时只是一个十分模糊的概念，每个国家内部都存在着许多势力派别。子产就把国家看成多个单位的组合来进行分析。

从镇压栾盈的叛乱中可以看出，晋国当时的执政士匄（范宣子）、其父士燮（范文子），与其祖父士会（范武子）不同，并非春秋时代典型的贵族。身经百战的他作为政治家却过于追求物质生活，虽然他也深知节俭的意义。在《国语》中也曾提到与他物质需求有关的轶事，内容如下：

士匄与和大夫因土地起了争执。卿大夫们的封地不断增多，有关土地界线的争执自然也日益增多。只是士匄身为正卿，和大夫却因为土地界线问题找上门来，这使得士匄十分恼火，于是想动用武力解决这一问题。如果因一己之私而动用军队，就难免树敌，因此他征求了其他人的意见。晋国大部分的大夫都反对因个人利益而动用军队。这也是晋国的可取之处。在诸位大夫中祈吾和子石还曾严厉地对他进行了批评。祈吾在听到他的询问时曾如此回答："我国身为盟主，您又是国家的上卿。如果能让各诸侯国听命于我国，那么在我国内也就不会有人违抗您的心意了。您又为何要与和大夫争执呢？暂且放下与和大夫间的小事，把目光放在大事上吧。"

子石这样批评他："您凭借祖辈三人的功绩才走到了今天的位置，三位的丰功伟绩也帮助我国实现了和平。您不想着实现国家的稳定，反而想要得到更多的利益，那今后您如何治理好国家呢？"

在听了两位大夫的意见后，士匄打消了原本的念头。虽然士匄为人并不清廉，但身为上卿也知晓自己什么该做，什么不该做、他身边的祈吾和子石也发挥了积极的作用。

郑国国君在春天亲自来到了晋国，当然少不了进奉大笔的金银珠宝。子产拜托国君给晋国带去了一封长信。子产在信中阐述了对晋国政治的看法，对当时各国关系的认识，各贵族的实力以及自己的意见等。下面我们就一起分析一下《左传》里面的句子。

> 子为晋国，四邻诸侯，不闻令德而闻重币。侨也惑之。侨闻君子长国家者，非无贿之患，而无令名之难。夫诸侯之贿，聚于公室，则诸侯贰；若吾子赖之，则晋国贰。诸侯贰则晋国坏。晋国贰则子之家坏。何没没也？将焉用贿？

> 夫令名，德之舆也。德，国家之基也。有基无坏，无亦是务乎？有德则乐，乐则能久。《诗》云："乐只君子，邦家之基。"有令德也夫！"上帝临汝，无贰尔心。"有令名也夫！恕思以明德，则令名载而行之，是以远至迩安。毋宁使人谓子，子实生我，而谓子浚我以生乎？象有齿以焚其身，贿也。

士匄读了信之后，心有所感，立即决定减少各诸侯的纳币。晋国正卿向各诸侯国索要纳币，其中定有一部分会流入私人囊中。子产指出了这一点，而士匄不想因此而被推翻，只能控制自己的私欲。春秋时代贵族之所以能在人前摆出优雅的一面，是因为对现实进行了冷静的思考。子产将国家和组成国家的各个势力派别区分开来，在讨论政治时依靠自由主义者的战略说服了士匄。

## 4. 现实主义者的战略——必要时动用武力

郑简公为了攻打陈国，到晋国寻求支持。陈国在楚国的支持下，时而会对郑国施加武力威胁。为解决这一局面，郑国制订了周密的计划，首先去了晋国。郑简公来到晋国后，首先拜会了正卿士匄。当士匄看到简公谦虚地低下头时，感到十分意外。子产所写的长信由子西代为转交，子西见此场景立刻打开了话匣子。

"陈国倚仗大国（楚国）的支持，时常进犯我国。正是因为我国苦不堪言，君主明知会冒犯您还是决定攻打陈国，因此不得不低下头。"

虽然经过了如此一番的游说，可当时的大国不会轻易应允小国之间的军事行动。次年（前548）夏天，在未得到晋国允许的情况下，子产率领七百辆战车攻打陈国。郑国的军队毫无顾忌地展开了攻击，终于在天黑以后攻破了城门。郑、陈两国原本势均力敌，郑国之所以能够取得胜利，是因为当时陈国内部的矛盾已激化。

郑国攻打陈国的主要原因就在于陈国得到楚国的支持，经常武力威胁郑国。攻入郑国后，陈国填埋水井，砍伐树木，令郑国民不聊生。当时郑国远比陈国强大，只是陈国受到楚国的支持，反而比楚国的军队更加肆意妄为，这也是导致郑国记恨在心的原因。子产攻入陈国都城后，没有允许手下攻入宫殿内部。为了防止反攻，郑国部队选择围住了宫殿，同时也表明了不打算灭陈的想法。过后陈国哀公身穿丧服，走到殿外行了降服之礼。子产在拜了两拜后，带兵撤出了陈国。在攻打陈国前，郑国不过是得不到认可的小国，但经此一战，郑国就成了其他国家心中的强国。子产带领军队成功攻打陈国一事，向外界传递了一个重要的信息：若有人肆意攻打郑国，日后必将遭受反击。

战后留下了一个悬念，郑国要怎样向盟主晋国解释呢？这正是展开外交策略之时。子产在伐陈后，携带着战利品径直来到了晋国。不仅如此，子产一行身着战袍，举行了呈贡战利品的仪式。晋国见郑国在战事结束后立刻来晋供奉，分外开心，再加上无数的战利品，更是让晋国满意无比。只是晋国身为盟主，还是要照例向郑国质询。晋国朝廷的一位官员如是问："陈国到底所犯何罪？"

若郑国不能给出一个合理的回答，子产等人恐怕立刻就会被逐出宫外，甚至会有更糟的结局。此时子产不慌不忙地回答说："昔虞阏父①为周陶正，以服事我先王。我先王赖其利器用也，与其神明之后也，庸以元女大姬配胡公，而封诸陈，以备三恪。则我周之自出，至于今是赖。桓公之乱②，蔡人欲立其出。我先君庄公奉五父而立之，蔡人杀之。我又与蔡人奉戴厉公，至于庄、宣，皆我之自立。夏氏之乱③，成公播荡，又我之自入，君所知也。今陈忘周之大德，蔑我大惠，弃我姻亲，介恃楚众，以凭陵我敝邑，不可亿逞。

---

① 《左传》中所提到的这段对话是有关陈国起源的重要说明。陈国在春秋时代也曾发挥过重要作用，下面来简单介绍一下。在《史记》的《陈杞世家》中并未提到虞阏父这一人物。只是记载过周武王在殷朝灭亡后曾经寻找舜的子孙，并将其封为陈地诸侯，此人即为胡公妫满。后世人推测妫满即是虞阏父的儿子。虽然没有其他材料证明，但有一点可以肯定的是，陈国的祖辈凭借烤制陶器的技术获得了官职。在所有陶器中只有顶级的烤陶技术才能生产出青铜器制造的模具。陶器和青铜器的制造都离不开火。由此可以推断陈国的族裔中有人拥有纯熟的用火技术。

② 公元前709年，晋桓公身患重病，当时他同父异母的兄弟杀害了太子后自立为太子，在国内引发了不小的混乱。郑庄公此时参与镇压，最终在拥立厉公后，结束了当时的混乱局面。

③ 公元前599年，夏征舒杀死与自己母亲通奸的陈灵公后，陈国太子逃到了晋国。其后，此事逐渐演变成了国家间的纷争，最终楚庄王杀死夏征舒，而陈国太子在晋国和郑国的帮助下重返本国。春秋时代只要太子离开本国，那他在国内的政治根基就会受到影响，太子流亡后再回国时只有得到其他国家的扶持才能重新站稳脚跟。

我是以有往年之告。未获成命，则有我东门之役。当陈隧者，井堙木刊。敝邑大惧不竟，而耻大姬。天诱其衷，启敝邑之心。陈知其罪，授手于我。用敢献功！"

听到子产的回答，晋国官员又反问道："何故侵小？"

子产回答说："先王之命，唯罪所在，各致其辟。且昔天子之地一圻，列国一同，自是以衰。今大国多数圻矣！若无侵小，何以至焉？"

晋人又问："何故戎服？"

子产回答："我先君武、庄，为平、桓卿士。城濮之役，文公布命，曰：'各复旧职！'命我文公戎服辅王，以授楚捷，不敢废王命故也。"

晋国国内在礼教方面造诣最深的士弱当时也在场，在听到子产的回答后，也无法继续指责郑国，将情况告诉了正卿赵武。赵武回答说："其辞顺，犯顺不祥。"

如此一来，晋国除正卿以外的大夫都对子产所言心悦诚服。孔子也曾对此作出评价。

古书上有这样的记载：

> 言以足志，文以足言。不言，谁知其志？言之无文，行而不远。晋为伯，郑入陈，非文辞不为功。慎辞也！

如果不说话，谁又能知道其中的意思呢？如果言辞缺少文采，那么他说的话也不会被人们广泛流传。晋国身为盟主，而郑国在未得到其允许的情况下擅自攻打陈国。假如没有子产的言辞雄辩，郑国所为定不会受人肯定。如此，又怎能不言辞慎重呢？

我们仔细分析子产的话，就能发现重点在于"陈国在楚国的庇护下肆意妄为，郑国万不得已才出兵伐陈"。子产在话中分析了晋国的利益，只是话虽如此，又不能过分露骨地强调利益。晋国作为盟主，应当想出一个令人信服的理由。子产考虑到晋国的立场，并没有直接提到楚国，在考虑到晋国保卫周朝王室的身份后，只是强调郑国也是为了维护周朝的名誉而战。

子产一直在强调周朝，而没有将晋国和郑国区分开来。表面看来用词温文尔雅，实际上却体现出了残酷的现实主义。子产问道："晋国的土地也是从其他国家掠夺而来，那郑国攻打敌国楚国的盟国又有何不妥呢？"

此时子产作为现实主义者，体现出了毫不留情的一面。在征伐陈国后对强国说了一番好话，在面对弱小国家时找到借口便可出兵，而面对强国时却身着戎装贡上战利品，这也可以被视为是伪装作战。由此可知，若是碰到与刀枪作战有关的事宜，子产就会成为一名现实主义者。

子产回国后又是怎样的态度呢？在回国后论功行赏时，子展列军功一等，子产位列其次。简公赏赐了五座城邑给子产，却遭到了子产的谢绝。

"论功行赏时，由上至下依次递减两座，这才是遵守历法之举。我位居第四，子展才是最大的功臣。我又怎敢领赏呢？"

子产想要拒绝，可在简公的坚持之下，只好接受了其中三座城邑。子产作为春秋时代的贵族，对自己的一言一行要求严格。子产有云："大象之所以会招来杀身之祸，只因象牙是无价之宝。"子产本人也以身作则，有时甚至连应得的财产也会拒之不收。虽说子产是出于珍惜自身的目的，但在当时，若想得到他人的信服，不仅仅要有身份，自己平时的行为也一样重要。子产就是这样一步一步确立了自己在国内及国外的地位，提高了自己的影响力和发言权。由此，郑国人也都预见到今后子产将成为郑国的正卿。

## 5. 外交辞令的范本

子产可以说是古代外交辞令的名师，既然如此，我们就再来学个一招半式。

当前的形势是楚、秦携手与晋、吴抗衡。楚国与新兴的吴国在淮河中游展开战争，可谓是寸步不让。两国已经不再秉持中原之道，而是无所顾忌地展开战争。设埋伏、设骗局、水战、陆战样样俱全，当时的战局可谓是一片混乱。幸好楚国当时有芳子冯、屈建等人才辅佐，才将战争从防守转成了攻击。

公元前548年夏天，楚国的附属国舒鸠在吴国的胁迫下，不得不转投吴国旗下。楚庄王与孙叔敖之后，楚国一直意欲收复大别山北段的舒族各国，如今其中的一族却逃出了自己的控制范围，所以，屈建率领右军，子疆率领左军直击舒鸠，吴国也就此参战。最终吴军因陷入埋伏而大败，屈建也就此消灭了舒鸠。

同年秋天，吴国国君诸樊亲自率领军队攻打楚国，行军途中需要经过楚国的附属国巢国。巢国位于现今安徽省巢湖一带，与舒国相邻，因此向来都是楚吴之战的要冲之地。面对吴国的进攻，巢国的牛臣提出了一条计谋。

"吴王虽勇猛但轻率大意，若我们将城门打开，他必将携兵而入。到时趁机射中吴王，我国的边境就能稳定许久。"

果不其然，见城门打开，吴军径直冲了进去。牛臣抓准时机搭弓射箭，刚好射中了吴王，吴王一命呜呼。

见城门大开，吴国士兵自然入内；在不易发现之处射死一国君主在战争中也属奇闻，与暗杀不相上下。吴国趁楚国国丧之时出兵攻打楚国，而楚国的盟国巢国设计杀死了吴王。自此，战争的方式逐渐发生了变化。

第二年，楚康王联合秦国部队讨伐吴国。当楚秦联军抵达孙叔敖开拓的零娄时，吴国已经预先做好了防御。历经长途跋涉的楚秦联军无法攻破坚固的防御线。因为除楚国本国军队外，还有秦国军队参与其中，无法让秦国空手而归，于是楚国决定改变最初的目标，改为攻打郑国的城麇。当时守卫城麇的皇颉和印堇父与楚军展开大战，但最终战败成为俘虏。

楚国为了犒劳远道而来的秦军，将俘虏交予秦军处置，同时为他们记上了一功。见此情景，郑国决定用金银珠宝换回俘虏。掌管外交文书的子太叔准备用钱财换回印堇父。子产在此时劝告道："即便如此也无法得偿所愿。楚国把军功让给了秦国，假若此时秦国接受郑国的钱财交出俘虏，在别国眼中又怎么称得上是一个国家呢？秦国定不会接受建议。不过您可以这样说，感谢秦国为郑国出力，在此受我一拜。假若不是秦国的恩德，恐怕此时楚国的军队还围在郑国的城下呢。"

子太叔没有接受子产的建议，径直去了秦国的军营，虽然奉上了金银珠宝，但没有达成目的。之后他只好按子产的建议改变了说法，才换回俘虏。

子产的方法是，保持谦虚的态度将对方捧到较高的位置上，在看到对方的纰漏后毫不犹豫地予以攻击。尽管利益是国家关系中最重要的部分，但采用商人的方法不能在协商中占据有利位置。只有将对方的身份抬高，才能找到机会。尤其是小国与大国交往时，应当把大国的地位和身份放在首位。只是双手奉上金银财宝，不仅有失身份，也会失去利益。即使金银珠宝一时奏效，日后也只有不断增加砝码才能打动人心。子产的做法可谓是典型外交辞令的代表。

子产能够随机应变，在谦虚与莽撞、热情与冷静之间准确把握，郑国也因子产付出的努力不断壮大起来。

## 6. 战略的内幕——分析政治形势

子产的一举一动随形势的变化而变化，但他一直遵循着自己的原则。他不仅能够准确地把握天下局势，亦能够敏锐地捕捉到利害关系中各个主要人物的意愿。出兵伐陈也是因为子产准确地了解到了楚国的国内政治形势。假若楚国派出大军，郑国必定不是楚国的对手。子产深知楚国绝不会轻易出兵。下面我们就一起来分析子产洞悉政治形势变化的能力。

公元前 547 年，许灵公哀求楚国出兵攻打郑国。许国位于郑国南方，与郑国之间的战争连年不断。尤其是郑国与晋国携手南下时，许国曾苦恼不已。在鄢陵之战前，因受到郑国的逼迫，许国不得不将都城南迁，如今许国得到了楚国的庇护，就想趁机报复郑国。许灵公一直执着地向楚国求援并为此亲自到了楚国，他还称："师不兴，孤不归矣！"

过了不久，许灵公就死在了楚国。面对此情此景，楚康王也十分为难。出兵伐陈并非易事，而盟国的君主为请求出兵客死在自己国家，楚国对此又不能不闻不问。在经过一番斟酌后，楚康王决定出兵："不伐郑，何以求诸侯？"

当年冬天，楚国出兵伐郑。正当郑国军民准备抵御之时，子产说话了："晋、楚将平，诸侯将和，楚王是故昧于一来。不如使逞而归，乃易成也。夫小人之性，衅于勇，啬于祸，以足其性而求名焉者，非国家之利也。若何从之？"

子展认为子产所言极是，因此没有出兵抵御，只是坚守城内。楚军来到郑国正门前走了一遭，抓走了九个郑国人后即启程返楚。两国没有兵戎相见，楚军就撤兵而返，这是因为此次出兵仅仅是因为许灵公的一再哀求，形式上做到了，也就达到了目的。假如楚国定要与郑国开战，对自身也会产生负面影响，因为楚国为了应对吴国，在过去一段时间内一直试图与郑国化解恩怨。

子产对政治形势的变化了如指掌，能够准确把握对方的意图。在年初郑国攻陈时，已经预料到楚国绝不会参与其中。同时在许灵公的哀求下，楚国不得已出兵的内幕也被他识破。只有像子产一样能够把握对方的心思，了解对方想要得到的是什么，才能成为真正的现实主义者。

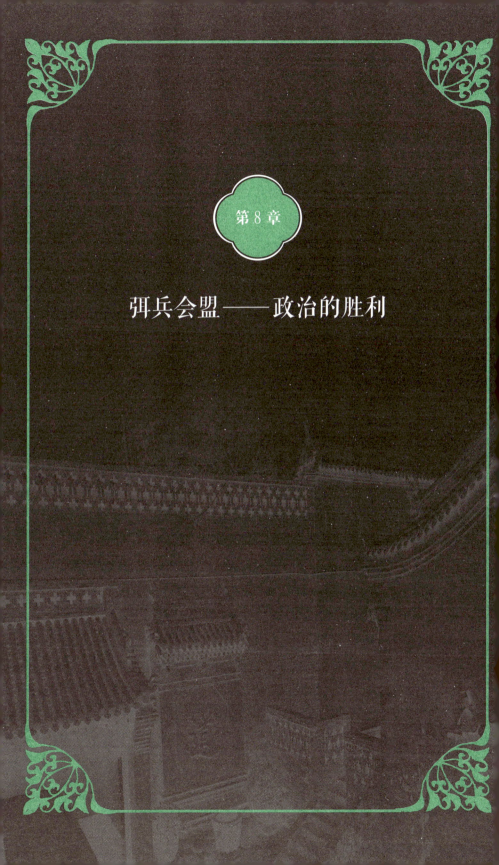

第 8 章

# 弭兵会盟——政治的胜利

纵观整个春秋时代的外交状况，若要从中选出最有历史意义的事件，那一定是发生在公元前 546 年的晋楚两国间的休兵停战协定。

兵戎相见的战场更能够吸引人们的关注。在当时社会，没有什么能够阻止各国通过战争来解决国家间的矛盾。即使社会成员厌恶战争，但谁也无法彻底远离硝烟。

虽然晋楚两国间的协定有许多缺陷且不够完美，但值得肯定的是在两千五百多年前，中国已经开始用政治手段来解决战争问题。春秋时代，各个国家之间的利害关系纷繁复杂，但最终却能够克服困难，达成休战协定，并维持和平长达数十年之久，在此，笔者将这段历史称为"政治的胜利"。

协定签订的背景中，存在着"兵器非祥瑞之物，百姓因此怨声载道"的意识形态。此外，在强国达成休兵停战协定后，其他小国就难免面临着被吞并的命运，强国也想趁机来构建属于自己的霸权体系。理想与现实就像交错相连的经线与纬线，相互影响、相互作用，最终达成了弭兵，也就是"终结战争"的目的。为了实现长久的休战与和平，各国的外交官积极活动，促成了两国最高统帅的让步与协商，春秋时代的贵族也参与其中，实现了社会的和谐。本书的主人公子产也在弭兵这一全新的天下秩序中贡献了自己的力量。现存历史最久远的史书《左传》和《国语》中也用较大的篇幅对此进行了记录。有史以来想要汲取中国政治精华的人们，都反复诵读有关内容。

在前一章中，已经反复提及了有关休兵停战的先决条件。秦国和吴国好战，而两国实力的增长也使原本的两大强国——晋国和楚国开始觉醒。晋、楚两国的宰相已经意识到两国之间无休止的战争，只会让其他新兴强国有机会壮大本国力量。与此同时，他们也预见到国家实力决定一切的战国时代将会到来，因此决定暂时放下一切不必要的战争，以免损耗国力。当时，晋、楚两国的宰相在壮大国力上费尽心思，同时意识到只应该在目标明确时才参与天下问题的解决，两国宰相对这一方针拥有相同的立场。在本章里我们将共同分析休兵停战的条件，以及促成休兵停战的每一个细节。

# 1. 强势宰相的集权

## 楚国——慎重的屈建位及令尹

楚共王死后，楚国任用人才的首要原则就是稳妥。前任令尹蓬子冯极为慎重，蓬子冯死后，屈建成为令尹，而屈荡[①]则成了莫敖（大将军），蓬子冯之子蓬掩成了司马。屈建在当时是公认的人才，在他成为令尹后，开始了征伐西域国家、杀死吴王诸樊、扩大疆域等一系列行动。在管理国家方面，他继承了祖父屈荡和父亲屈到的才能。《国语》中也简单提到了屈建的人品。

屈建的父亲屈到很喜欢吃菱角，在他身患重病时曾拜托家里的仆人一件事。

"我死后在祭祀时，一定要为我准备菱角。"

在他死后，仆人按照吩咐准备了菱角。屈建看到这一幕立刻命

---

[①] 屈荡与楚庄王手下智勇善战的好友屈荡同名，并与其孙子同辈，被视为屈建的同出之友人。

令下人将菱角扔掉。仆人说："这是你父亲的指示。"

屈建回答："事实并非如此。我父亲掌管楚国政治以来，编制的刑法依旧在百姓心中占据重要位置，而且也以文字的形式记录了下来。因此提到我的父亲，大家都认为他可与前任帝王相媲美，也留下了伟大的功绩来启迪后人。不仅是我们楚国，其他诸侯国也无不称赞他的功绩。在他编制的有关祭祀的法令中写道，'祭祀君王时要有牛，祭祀大夫时要有羊，祭祀士的时候要有猪或狗，祭祀庶人时要有鱼，而竹器、木器、鱼干和鱼酱则不分位置高低'。在祭祀时不能摆过于珍贵或奇特的祭品，这也是让人们在祭祀时做到节俭、不浪费。他绝不是因为一己之利而违反国家法令之人。"

言毕坚持不使用菱角作为祭品。

屈建就是这样一个遵守国家法令并且以身作则的令尹，同时他也拥有促进时代融合的能力。在他担任令尹后，成功占领了西域，楚康王决定奖赏他，但他却回答："这是前任大夫（蔿子冯）的功劳。"然后将奖赏转给了蔿子冯的儿子蔿掩。这样一来，屈建一方面收获了司马蔿掩的心，同时又将蔿子冯的地位抬高了。屈建既守礼法又得了人心，可谓是一举两得。人们都说，楚国新令尹为人慎重又颇具城府。

位列屈建之下的司马蔿掩则十分细致。屈建在成为令尹以后，首先检查了楚国的财政状况。蔿掩受命核实税收情况及甲兵的数量，他将全国田地的数量登记在册，统计森林面积、住宅用地面积；将高山与丘陵分别统计，将被海水淹没的土地一一测量；统计出边境地区的大河数量，记录下水库的面积；对国内平原地区的使用做出规划，将河边的土地用于放牧，平坦肥沃的土地开发成井田；根据土地的收获，按一定比例收税；统计马的数量，统计出步兵的人数以及战车、盔甲、盾牌的数量。①测量国土面积，核查财政情况等相关记录在当时看来是十分先进的，而且记录十分具体。正如前文所说，楚国的政治交到了慎重的令尹和缜密的司马手中。

### 晋国——"赵氏孤儿"担任执政

现在再来看晋国的情况。晋国的新正卿赵武又是何许人也？如果把晋国比喻成年老体衰的老虎，那么赵武就是老虎的领路人。

赵武在担任执政以前，晋国的国情大体如下：晋国虽然在邲之战中战胜了楚国，但从表面上来看，晋国却更像是战败的国家。在鄢陵之战中，晋国大胜楚国，随后又将楚国联合抗晋的军队一一瓦解，在靡笄又将挑战晋国统治权威的齐国征服。经历了一系列的战争后，晋国这只太行山老虎也渐渐步入了体力衰竭的老年阶段。晋国的政权统治体系被逐渐瓦解，过于庞大的军队也成了国家的负担。晋文公上台以后，国家税收有增无减，但如今却风光不再。晋国已不再是唯一的超强大国，幸而有经验丰富的正卿把持内政，才帮助晋国相安无事地度过了这一转型期。

鄢陵之战后，性格温和的韩厥开始掌管晋国的政治大权，其后是勇猛善战又心思缜密的知罃，士燮的儿子士匄在灭了栾氏一族后，晋国恢复了稳定。在这一时期作为晋国政治支柱的主要人物是在公

---

① 出自《左传·襄公二十五年》，原文如下："书土田，度山林，鸠薮泽，辨京陵，表淳卤，数疆潦，规偃猪，町原防，牧隰皋，井衍沃，量入修赋。赋车籍马，赋车兵、徒卒、甲楯之数。"文章虽短却内涵丰富，史上对此内容的解释不尽相同。虽然个别内容稍有出入，但可以得知与楚国的田地、赋税制度有关的三点信息：楚国对森林、沼泽、堤坝和河流进行了系统管理；通过原文可知楚国对可进行引水灌溉的田地尤为重视；根据地形及土壤的肥沃程度来制定赋税标准。除此之外，国家还对军用物资及士兵进行统一管理。即使当时国家没有管理全部资产，但至少为积极管理做出了努力。这可能是因为面对日益紧张的天下形势，楚国已经意识到，仅依靠原有的氏族中心制度无法应对局势变化，因此事先做了准备。

元前 546 年促成休战弭兵的晋国执政赵武。

## 赵氏家族谱系

| 宗主 | 功绩 |
|---|---|
| 赵成子　衰 | 击败晋文公 |
| 赵宣子　盾<br>（亲兄弟：赵同、赵括、赵婴齐、赵穿） | 遏制晋灵公的道德败坏，将晋国发展成超强大国 |
| 赵庄子　朔 | 参加邲之战，早逝 |
| 赵文子　武 | 重立晋国公室 |
| 赵景子　成 | 夭折 |
| 赵兰子　鞅 | 在晋阳重建晋国之基础 |
| 赵襄子　无恤 | 不称公侯，实际上促进了晋国独立 |

　　在《史记·赵世家》中记录了赵武的独特经历。赵武因"赵氏孤儿"而闻名，下文出自《赵世家》。

　　赵武为赵世家之嫡子，赵盾之孙，赵朔之子。赵朔在邲之战中带领下军参战，最终败给楚庄王。在邲之战之前，赵氏一家一直是晋国的名门望族。

　　邲之战战败后，晋国大夫屠岸贾施计将赵氏一家灭门。屠岸贾曾深受灵公的宠爱，在景公执政期间，位及司寇。灵公在位时，赵盾一家曾受残酷虐待，不得已流亡他国。直到赵盾的弟弟赵穿杀死了灵公，赵盾才得以回国。[1]屠岸贾将此事告于众大夫。

　　"赵盾虽然不知情，但仍然是逆贼之首。做臣子的杀害了君主，他的子孙却还在朝为官，这还怎么能惩治罪人呢？请各位诛杀他们。"

　　此时韩厥出面为赵盾辩护。韩厥是在赵盾的帮助下走上仕途的。

　　"灵公遇害的时候，赵盾在外地，我们的先君认为他无罪，所以没有杀他。如今各位要诛杀他的后人，这不是先君的意愿，而是随意滥杀，随意滥杀就是作乱。为臣的有大事却不让君主知道，这是

---

[1]　晋灵公草菅人命、荒淫无道。由于正卿赵盾一直遏制灵公惨无人道的行为，灵公决心杀死赵盾。赵盾深得民心，灵公的暗杀计划最终没有得逞。灵公将赵盾驱逐出境，后赵盾之弟赵穿杀死灵公，灵公与赵盾之间的矛盾才画上了句号。

目无君主。"

但屠岸贾并未听从韩厥的劝阻，执意要诛杀赵盾一家。韩厥便将此事告知赵朔，并劝其逃走。赵朔拒绝了韩厥的提议，只提出了请求："您若能不让赵氏的香火断绝，我也就死而无憾了。"

韩厥答应了赵朔的请求。

屠岸贾在未得到景公允许的情况下，就聚集了一批弓箭手，在下宫将赵朔、赵同、赵括、赵婴齐等赵氏一族杀害。赵同、赵括、赵婴齐都是赵盾同父异母的兄弟，是邲之战中参战的代表。

赵朔的妻子是晋成公的女儿[①]，当时已怀有身孕。她跑回宫中躲了起来。当时在赵朔的门客中有个叫公孙杵臼的人。他在目睹了赵朔身亡后，指责赵朔的友人程婴："你为何不随其而去？"

程婴回答道："赵朔之妻有孕在身，假若生下男孩就可拥护他继任宗主，若是女孩，我也会随主人而去。"

过了不久，赵朔之妻不负众望，果然诞下了一名男婴。屠岸贾收到消息，对宫中进行全面搜查，意欲杀死这个婴儿。赵朔之妻只好藏起来，并在心中默念祈祷："赵氏宗族要是灭绝，你就大哭；如果不会灭绝，你就不要出声。"

孩子没哭。

随着搜查日趋紧密，宫中也不再安全。公孙杵臼便问程婴："扶立遗孤和死哪件事更难？"

"死很容易，扶立遗孤很难啊！"

公孙杵臼又说道："赵氏的先君待您不薄，您就勉为其难吧。我去做那件容易的事，让我先死吧！"

两人商议后，找来了别人家的孩子用襁褓包好，藏身于山中。公孙杵臼抱着孩子藏在山中，程婴则走下山来，对一行追击而来的

---

① 《史记·赵世家》中提到赵朔的妻子是成公的姐姐，但从年龄和辈分上看是司马迁的笔误。《左传》中提到赵朔之妻是成公的女儿。

人说道："我程婴没出息，不能抚养赵氏孤儿，谁能给我千金，我就告诉他赵氏孤儿藏在哪里。"

尾随而来的士兵们将程婴捆了起来，让他带路，找到了公孙杵臼。公孙杵臼故意说道："程婴！程婴！你这个小人！当初下宫之难你不能去死，跟我商量隐藏赵氏孤儿，如今你却出卖了我。即使你不能抚养，怎能忍心出卖他呢！上天啊！上天啊！赵氏孤儿有什么罪？请你们让他活下来，只杀我杵臼可以吗？"

追兵们没有理睬，当场杀死了杵臼和婴儿。就这样，赵氏一家似乎被灭绝了。但十五年后，晋景公患病时命人来占卜。卦象显示，大业①的子孙后代不顺利，因而作怪。韩厥知道赵氏孤儿在世，便游说道："大业的后代子孙中如今已在晋国断绝香火的，不就是赵氏吗？他们世代建立功业，从未断绝过香火。如今只有君主灭了的赵氏宗族，晋国人都为他们悲哀，所以在占卜时就显示出来了。希望君主考虑考虑！"

景公听后便问道："赵氏还有后代子孙吗？"

韩厥便说出了事情的来龙去脉。景公即刻决定召赵氏孤儿回到宫中，并质问了当时参与此事的将军们。将军们一听此事连忙辩解："当初下宫那次事变，是屠岸贾策动的，他假传君命，并且向群臣发令，不然的话，谁敢发动变乱呢！如果不是君主有病，我们这些大臣本来就要请赵氏的后代了。如今君主有这个命令，正是群臣的心愿啊！"

此后景公以此事为由，将屠岸贾一家灭门处置。赵武也重新领回了赵氏的封地。赵武成人以后，程婴才告诉了他过去的事情："当初下宫的事变，人人都能死。我并非不能去死，而是想扶立赵氏的后代。如今你已经承袭祖业，长大成人，恢复了原来的爵位，我要

---

① 秦国的皇室同族为嬴氏，晋国的赵氏也为嬴姓。

**三义墓** 赵宣孟、公孙杵臼、程婴的墓在同一块正方形墓地中。（位于陕西省韩城市）

到地下去报告给赵宣孟①和公孙杵臼了。"

赵武听后啼哭不止，请求道："我宁愿使自己筋骨受苦，也要报答您直到死去，难道您忍心离我而去吗？"

程婴回答道："不行。公孙杵臼认为我能完成大事，所以在我以前死去。如今我不去复命，就会以为我的任务没有完成。"

说完程婴就自杀了。

以上是《史记》中记载的内容。这段故事在《东周列国志》中被传承，成为戏剧题材在民间广为流传，如今还被拍成了名为《赵氏孤儿》的电影。故事内容令人赞叹，笔者本不想破坏人们的想象，但这段故事其实半真半假。

首先来看真实的部分。晋国内部的各氏族为了争权夺利展开斗争，赵氏一族蒙难属实。赵武儿时的记忆促使他本人成为心思缜密之人亦属实。

---

① 赵氏为名门望族，所以提高了其宗主，并称其为孟。赵宣孟是指赵宣子（赵武的祖父赵盾），但从上下文内容来看，指的应该是赵武的父亲赵朔。

只是引发这场灾难的人物及原因并不属实。或许是因为《史记》的内容是以战国时代的传说为题材进行了改编。①引发赵氏一家身陷危难的根本原因是当时晋国贵族之间、贵族与王室之间围绕土地产生的矛盾，导致赵氏落难的原因可追溯到晋、楚两国之间的邲之战。

赵氏一家主导了当年的邲之战。当时的中军大将荀林父原本是赵盾的副将，中军大夫赵括和赵婴齐、下军大夫赵同都是赵盾的兄弟，而下军大将是赵盾的儿子。此外，司马韩厥在赵盾的扶持下步步高升。邲之战，晋国惨败。

邲之战以前，赵氏家族内部已经出现了分裂的征兆。赵朔已经知道了叔父赵同和赵括主张发动战争是别有居心。叔父们急于邀功的心理让他十分不痛快。在赵括、赵同、赵婴齐三兄弟中，赵婴齐没有积极支持两个哥哥的建议，因此他也没有得到兄长的欢心。

其后赵括和赵同积极主张发动战争，并与晋国军队的最高指挥者发生了冲突。据《左传》记录，在邲之战以后，赵朔的名字就再

① 《史记》是一部伟大的史书，但因作者司马迁本身是一名文学爱好者，因此书中不乏缺乏根据的故事，而《左传》作为编年体史书则关注尊重发生的历史事实。《国语》在记录历史事件时则做到了从多个角度分析、描述，前后文的矛盾之处较少，也是一部精准的史书。笔者主要参考《国语》和《左传》来推测当时的历史事实。

　　这一事件在《左传》和《国语》中的叙述较为可信。首先两部书中的记录十分相似，而且晋国大夫之间发生的小事也都详细记录在案。屠岸贾这一人物只在《史记》中出现，而其他两部书中却只字未提。《左传》中提到赵婴齐流亡至齐国，在《史记》中则是当场被杀害。邲之战以后并未出现的赵朔再次被杀害的理由也无从得知。

　　晋国的六卿体制极为牢固，名为屠岸贾的人物毫无理由地搜查宫殿这一点也值得怀疑。最后屠岸贾下令诛杀赵氏一家后，足足掌控国政15年之久，这一点在编年体史书《左传》及被称为晋国史书的《国语》中却丝毫未曾提到。因此作者推断屠岸贾这一人物为司马迁虚构出的，或者是在整个过程中担任辅助作用，是下级贵族的可能性较大。《左传》中提到韩厥曾经支持赵武，其后晋国最高级别名将中的魏绛也协助赵武成为新军大将，而魏绛则担任了副将。当时魏绛深得晋国君主的信任，是新兴的实力派将领，由于有他做赵武的副将，赵武的地位才得以上升。参考杨伯峻《春秋左传注》(中华书局，2009)。

未出现过。在赵氏一家遭遇横祸时，已经称赵朔的妻子为赵庄姬（嫁到赵家的"姬"姓女子，而"庄"是赵朔的谥号），由此可以推断赵朔已经不在人世。此后赵氏一家的代表就只剩下赵朔的儿子（赵武）和他的三位叔父，但当时赵庄姬和自己丈夫的叔父赵婴齐有染。

赵婴齐在邲之战中没有协助赵括和赵同，此时二人听闻赵婴齐与人私通更是无法容忍，于是强迫赵婴齐流亡他国。赵婴齐无奈，只得向兄长哀求："栾氏家族没有陷害我赵氏，是因为有我在。假若我不在了，兄长们必定有难。人活一世，多少都会犯错，放过我这一次又有何不可呢？"

可惜两位兄长没有理睬他的话，赵婴齐只好逃到了齐国。由于一段恋情，赵氏一家最终遭遇了灭门浩劫。赵庄姬得知自己的情人被强行赶走，就决心设计陷害赵括和赵同。赵庄姬乃成公之女。她对成公说："赵同、赵括二人今后定会向君主发难，栾氏和郤氏可以作为证人。"

赵庄姬就这样陷害了情人的兄长，这两人也是自己丈夫的叔父。栾氏和郤氏也没有理由错过这个机会，因此就立刻组织军队向赵括和赵同开战，二人最终被杀身亡。赵庄姬设计除掉二人后，不但为自己的情人报了一箭之仇，还让自己的儿子赵武坐上了赵氏后继者的位置。向来与赵氏一家极为亲近的韩厥于是向景公提议道："赵衰的功劳和赵盾的忠心尽人皆知，现在赵氏一家却后继无人。其他对国家有功的人见此，怕是会感到不安。"

经此番劝说，赵氏一家的领地便都归于赵武名下，而赵武也成了赵氏一家的宗主。

就这样，赵氏家族内部经历了一系列的分裂和危机。赵武之所以能够成长为一个十分谨慎而又心思缜密的人，与那些帮助过自己的人有很密切的关系。例如，韩厥一直在背后支持赵氏家族，魏绛等新兴实力将领也帮助过他。此外，邲之战带给他的影响一直存在，因此他对待战争的态度也十分慎重。

赵武为人谨慎，处理国家内政时颇有远见，对天下通用的礼节也无不知晓，因此他已认识到眼下最重要的不是战争，而是休养生息。与前任正卿士匄不同的是，他的对外政策十分温和。他一方面减免各诸侯国的纳币，同时在对待它们时也做足了礼数。

公元前548年，因齐国谋反，各诸侯国聚集在一起时，赵武对鲁国的叔孙豹说了一番话，坚决表明了自己的对外立场。

"今后动兵出征之事将会逐渐减少。崔氏和景氏刚刚掌握了齐国的政权，定会同其他国家搞好关系。我对楚国令尹屈建甚是了解。他为人谦虚又守礼节，定会对各诸侯好言相劝，不久后兵可以弭。"

从这段话中就可以看出，赵武在担任正卿期间志在休兵停战。

## 2. 建立互信，缔结休兵停战协定

政治用语都十分华丽。阅读强国的外交文书就会发现里面用尽各种修辞，若不仔细琢磨，可能会觉得强国做出种种决定是出于善意。事实上，华丽的辞藻掩盖的是残酷的现实。

优美文雅的外交辞令，就好比是装扮雍容的美人一样。她能用最为不真实的魅力在现实世界中撼动人心。在外交中，与优美的措辞、华丽的修饰及技巧相比，更为重要的是缜密的计算和构思。

当时宋国的左师向戌在各国间游刃有余，担任了调停的角色，并获得了名誉和财富。向戌与赵武、屈建私交甚好，他奔走于晋、楚两国之间进行调节。楚国派出了屈建和公子黑肱，晋国派出了赵武和舒向。公元前546年夏天，促成休兵停战的氛围已十分浓厚。

向戌到晋国提出了晋、楚之间的停战建议，赵武立即召集群臣共同商议。赵武本人支持停战，韩起也表示同意。韩氏和赵氏关系亲密，韩起被认为是赵武卿位的后继人选，因此社会声望极高。韩起说道："战事对百姓来说极为残酷，需耗费大量钱财，对小国来说无疑是一场灾难。若日后能找到停战之法，必定要不顾他人反对，坚决执行。若我国反对，而楚国接受，那楚国必定会吸引各方诸侯，而我国定将失去盟主之位。"

韩起所言正中赵武下怀，赵武说道："晋国亦赞成停战。"

向戎听到答复后立即赶赴楚国。楚国在听到提议后也表示接受。楚国的国情和晋国极为相似。其后向戎又赶到了齐国，听到提议后，齐国君臣却面露难色。齐国大夫陈须无立刻指责道："晋、楚两国均已同意，我国又有何理由反对呢？别国皆已停战，若我国持续战争，百姓将苦不堪言而叛逃他国，届时该如何是好呢？"

陈须无的一番话打动了齐国君臣，最后齐国也接受了停战提议。向戎又立刻将这一消息告知秦国。晋、楚、齐三国均已接受停战提议，秦国也无从反对。至此，四大强国均表示有意停战，各国世子开始奔走于各小国之间转达消息。小国听到这一消息无不欢喜，当然此处提到的小国是指像郑、鲁等有一定实力的国家。因为日后停战对一些更小的国家来说并不值得庆祝。

向戎作为调停人处理问题时能够准确地把握顺序。身担调停重任之人要遵守以下几点原则：首先要从说服强国开始，其次是地理上相邻的国家。因此向戎首先说服晋国和楚国，在得到强国的同意后再说服齐国，其后对停战并不热衷的秦国也只能无奈听从决定，其他的小国就更不必说了。

初夏之际，各国派出的领袖人物先后到达了宋国。按照当时的记录显示，五月末甲辰之日（即五月二十七日），赵武抵达宋国，两日后，即六月丙午日，郑国的柏有也来到了宋国。几天后，邾悼公到达，六日之后，楚国的公子黑肱先于大部队来到了宋国，并与晋国共同商讨协定内容。六日后，向戎赴陈国将协定文书转达给楚国的令尹屈建，并进行了商议。笔者在此处一一标注了各国代表赶赴宋国的日期，是为了说明各国对停战协定的重视程度。附近的邻国到达宋国的日期几乎只相差了一天，而较远的国家也都争先恐后地赶到了宋国。在缔结停战协定前，各国都表现出了诚恳的态度。其后各国也都陆续赶到了宋国。

向戎一见到屈建就提出了条件："要设法令追随晋、楚的小国去参拜对方的盟主。"

也就是说，要让追随楚国的国家去参见晋国君主，追随晋国的小国则要去参见楚国的君主。这一提议难免会引人反感。向戎随即骑上战马去拜见了赵武。赵武提出了一个折中的方案。

"晋、楚、齐、秦四国中，我国无法指挥齐国，而楚国也无法指挥秦国。楚国君主如果能让秦国君主驾临敝邑，寡君岂敢不坚决向齐国君主请求？"

实际上赵武暗指秦国等强国不会轻易折服。向戎又跳上马背赶去拜见屈建，屈建也提出了一个妥协方案。

"那么不如让除齐、秦以外的国家分别来拜见我们晋、楚两国。"

如此一来，调停的事前准备告终。屈建率领的使节团直奔向戎安排在宋国的会晤地点。其后大国的卿大夫和小国的君主便蜂拥而至。会晤地点设在宋国都城的西门，诸国军队相聚于此的场面极为壮观。晋、楚两国分别驻扎在两端，凸显了两大强国的地位。

如此规模盛大的诸国会盟，在历史上极为罕见，这是因为群臣相聚，若不能相互信任就有可能引发一连串的误会，甚至是战争。楚国的屈建为人心思缜密，为了防止意外的发生，已经事先做好了威胁对方的准备。晋国的荀盈见此情景，向赵武告知了自己心中的忧虑："楚人心怀凶险，我甚是担心会发生不测。"

赵武回答道："我们转折向左，进入宋国，看能把我们怎么样？"

由此可知，晋国军营的位置更靠近宋国的城门。如此胸怀宽广的赵武，在心中也另有盘算。根据史书记载，当时晋国军营并未安置一些防御设施来应对意外事件的发生，也没有特别安排士兵护卫。只是不知晋国已经预先想好了应对的策略，对外彰显了晋国的大度和守信的态度。

辛巳时分，各国已准备在西门外缔结盟约，楚国人则在外衣里多穿了一件皮甲。这又意在何为呢？这一细节引发了秦国的怀疑，同时也招致了来自楚国内部的指责。原本是晋国人，而后流亡至楚国的大宰相伯州梨向屈建提出了忠告："各诸侯汇聚于此，不守信用实属不妥。此时各诸侯国期待我国做出表率，遵守信义。各国来此是为了服从于我们，若是失信于各国，日后定无法再次获得支持。我恳请令尹大人脱下皮甲。"

屈建的回答略显小气："晋楚两国间谈何信任？在处理事情时只重视自己的利益即可，何必守信？" [①]

伯州梨心中烦闷，退出门外后对人说道："令尹大人不久就会离世，相信不会超过三年。若是为了成就大业而失去信用，今后的志向又怎能实现呢？若是心存志向，就应当用言语来表达，在言语中

---

[①] 据《国语》的记录，现场的气氛更加阴森恐怖。《国语》中记载屈建的回答如下："除掉晋国的士兵和赵武，晋国势力必将变弱。"赵武听闻此言立刻向叔向求援。

　　根据屈建此后的行动和言语来看，这段记录有夸张的嫌疑。凡是要紧事，屈建定会向君主汇报，又怎会轻易决定陷害他人呢？若屈建决定除掉晋国的士兵，《左传》中为何又让伯州梨反复提到"三年"这一期限呢？此时最符合的回答应当是"此事定无法成功"。此外，通过《左传》中叔向的回答也可推测一二。叔向这样回答道："绝不会发生如此不祥之事。"

　　这是极为客观的评价。屈建有违礼数，身穿皮甲意在威胁对方，伯州梨则指责这样的行为将会使楚国失信。《国语》中记载赵武对叔向说："大人为何要爱惜生命呢？假若你的死能换来晋国的盟主之位，又有何可惧呢？"这部分记录颇有野史的味道。根据《左传》的记录，当时叔向极为详尽地叙述了当时的形势，并断言绝不会发生意外。在《国语》中则突然变为极为感性的言论。《左传》和《国语》的史料相似，出现差异，也许是因为记录晋国历史的《国语》集中记录了当时在晋国军营中流传的一些言语。

　　《国语》中记录的内容充满紧迫感。这是因为与《左传》相比，《国语》更加重视对现场生动感的描写，其中另外的史料也都重视描写现场氛围。《国语》中有许多前后不吻合的记录，但《左传》中则很少见。在编写《左传》的过程中，史学家更加重视事件的合理性，将史料记载认真核实了一遍。笔者在记述这段历史时也以《左传》和《国语》两部著作作为参考资料，但对前后不吻合的地方进行了改编。

体现道义，应当以信用来实现志向。只有做到这三点才能实现长久的安稳。假若失去信义，又怎能再坚持三年呢？"

赵武看到楚国士兵身穿皮甲不由得暗自着急，便向叔向求援。叔向却很从容："这又会招致什么灾难呢？匹夫之辈都不应失信一次。若是在此失信于天下，定会招来杀身之祸。今天诸国代表云集于此，若楚国做出有失信义之为，定会失败。不遵守约定之人会招来灾难，您不必为此担忧。大抵各国都是出于信义前来参加，相信没有人会在这里使出阴损的招数。那么又怎会对我们不利呢？此外我们还可依靠宋国与敌人决一死战，这样我们的力量是楚国的几倍，您又何必担忧呢？绝不会发生此等不祥之事。众人之所以前来宋国是为了停战，假若用兵谋害我等，我国的信用将会被世人所知。您大可放心。"

屈建身着皮甲大抵是为了威胁对方。歃血之国今后便会成为名义上的盟主，所以，会议一开始，哪国先来歃血就成了最关键的问题。晋国首先发言："我国身为盟主多年，从未在其他国家后歃血。"

楚国反驳道："贵国曾说晋、楚两国实力比肩，却常常是贵国先来歃血，这是说我国比贵国弱小吗？再说，晋、楚两国轮流主持诸国会盟，为何要先从贵国开始呢？"

看到争执的场面，叔向便向赵武提议道："各诸侯国之所以跟随晋国，并不是因为晋国主管诸侯会盟。大人只管致力于德行，不要争执谁先来歃血。此前诸侯会盟也曾有过小国主持之先例，今天就让楚国做小国的盟主，有何不可呢？"①

---

① 《国语》中将叔向的话记载得更为详细，下面为其中的节选：

（前略）旧时周成王在岐阳举行会盟，楚国被认为是荆蛮，只负责放置茅草束（周王在举行祭祀时，楚国贡的用来滤酒的茅草。管仲在攻打楚国时曾以"楚国未贡上茅草，无法祭祀"为借口），并安装望表（在山中祭祀时竖起的木牌），和鲜卑（《国语》中首次提到有关鲜卑的记录）一起（在外面）看着火把，从未参加过诸侯会盟。如今楚国同晋国轮流主管诸侯会盟，也是因为楚国的德行有所积累。大人尽管修德，不要为歃血的顺序而争吵。

于是便从楚国开始歃血。

各国又签订盟约，果然如叔向所言，并未发生任何意外。赵武和叔向是沉着大气的正卿和细心稳重的副手。

《春秋》当中首先记录了有关晋国的内容，而不是先进行歃血的楚国，这也体现出了晋国守信的一面。书中的形式和内容也十分和谐。尤其是孔子对这一次的停战协定极为喜爱。在提到宋国君主接待赵武的内容时，孔子没有进行过多的说明，而是让自己的弟子们慢慢体会。

## 3. 会盟之逸事——英雄豪杰的对话

在成功会盟后的第二天，宋平公举办宴会招待了晋国与楚国的大夫。名义上是宴会，实际上是一个衡量各国卿大夫实力的机会。表面上一团和气，内里却暗藏紧张气氛。屈建在宴会上与赵武有过对话，但赵武却招架得十分吃力。

四日之后，宋平公召集了各国大夫签署盟约。这天，屈建和赵武又深谈了一番。

"贵国士会的德行到了怎样的水平呢？"

"他善于治家，与国家有关之事且能坦然指责，日后面对神灵我也能如实告知，且不会羞愧。"

屈建听后心有所想，便将赵武的回答转达给了楚康王。康王听后道："此人是位高之人，假如他同时得到人与神的认可，才能辅佐五位君主成为盟主。"

屈建也补充说："晋国成为诸国之首也理所当然。晋国有叔向做正卿的副官，而我国没有人能与之抗衡，暂时不能和晋国一较高下。"

屈建是一位能够正视不足的领导人。

赵武并没有像屈建一样善于计算，但他却是一个十分有才华的人。晋国的使者在会盟结束后途经郑国返晋。郑简公出门迎接来访的使者。郑国的子展、子产和其他卿大夫也一同作陪。郑国当时极为期待停战，因此热情地款待了促成协定的赵武。在欢迎宴会上，郑国的卿大夫们以歌曲来招待赵武，每一首的回答都称得上是经典。首先是子展的《草虫》。

> 喓喓草虫，趯趯阜螽。
> 未见君子，忧心忡忡。
> 亦既见止，亦既觏止，
> 我心则降！

在气氛极为紧张的情况下结束了停战会盟，这首曲子正表达了看到晋国正卿时郑国的喜悦心情，在字里行间也体现出了子展个人的感情。赵武回答道："此歌甚好。果然有郑国领袖的风范。我比不上歌中的君子。"

其后伯有献上了《鹑之奔奔》。

> 鹑之奔奔，鹊之强强。人之无良，我以为兄。
> 鹊之强强，鹑之奔奔。人之无良，我以为君。

这首歌充满了对君主的厌恨，恳请对方支持自己。赵武听后稍稍回避，之后便呵斥起来："房中之语不应传到屋外，可现在却在大庭广众下公然说出。作为使臣的我万不可听到这些。"

接下来是子产，他献上了《隰桑》。

> 隰桑有阿，其叶有难。既见君子，其乐如何。
> 心乎爱矣，遐不谓矣。中心藏之，何日忘之！

与子展的曲子相比，子产唱的曲子更能表达自己的个人情感。赵武听后如此回答道："我请求接受这最后一章。"

这是赵武在表达心中的谢意。曲子一首接一首，宴会的气氛也十分融洽。结束后，赵武对叔向说："伯有怕是要被杀了。所谓诗歌能表达心中之意。伯有之曲中公开怨恨君主，却又抬高了宾客的位置，此人恐怕活不久了。"

"大人所言甚是。"

"子展应该是最后灭亡的，他位置虽高但不忘降抑自己。"

从这段对话中便可看出赵武精准的眼力。

最后我们再来看看向戎。为了促成这次会盟，向戎可谓是跑遍了四方各国。他深知自己劳苦功高，便想从中获得奖赏。向戎提出："臣不畏惧生死奔走斡旋，今日得以生还望奖赏城邑为盼。"

宋平公为了奖赏向戎的功劳，已经赏给他六十座城邑。这样的分量足够厚重。向戎日后向司城子罕炫耀自己的功劳。司城一职十分重要，不但要负责国家大小事情，也要在政治方面出谋划策。子罕相当于是宋国的子产，他严厉地斥责了向戎："凡是诸侯小国，晋国、楚国都用武力来威慑它们，使它们害怕，然后就上下慈爱和睦，慈爱和睦才能安定它们的国家，以侍奉大国，这是生存层面的道理。没有威慑就要骄傲，骄傲了祸乱就要发生，祸乱发生必然被灭亡，这就是灭亡层面的道理。上天赐予了金、木、水、火、土五种材料，百姓把它们样样都使用上，缺一种都不可，谁能够废除武器？武器已经发明很久了，是用来威慑不轨而宣扬文德的。圣人由于武力而兴起，作乱的人由于武力而废弃。使兴起者废弃、灭亡者生存、明白者糊涂的策略，都是从武力来的，而您谋求去掉它，不也是欺骗吗？以欺骗蒙蔽诸侯，没有比这再大的罪过了。既然没有大的讨伐，反而又求取赏赐，真是不知何为廉耻礼仪。"

听了子罕的话，向戎就把封地文书上的字削了。子罕的话无疑是出于对向戎的一片好意。功大之人必定会引起他人的妒忌，而向戎本人不能主动领悟这一道理，子罕深感心寒才说出这样一番话。

向戎也并非平庸之人，他接受了子罕的忠告，拒绝了平公的封赏。其后向氏一家深感子罕所为不妥，便想举兵攻打子罕。此时，向戎说道："是子罕救了我，对我恩重如山，怎么能去攻打他呢？"

《左传》中借"君子"之口，对此事做出了评价。

那位人物，是国家主持正义的人，这说的就是子罕吧？

用什么赐给我，我将要接受它，这说的就是向戎吧？

屈建、赵武、向戎都是有抱负，而且有自己的处事风格的人。郑国的子产言辞流畅，而宋国的子罕则用语犀利。

第 9 章

停战的背后——垄断体制与内部纷争

公元前 6 世纪，能够调节所有利害关系并实现全天下停战，实属难能可贵。可是，为了了解当时的天下形势，有一点必须指明的是，看似名正言顺的停战背后，却隐藏着令人不寒而栗的阴谋。

可以从天下与单一国家两个层面来分析其背后的阴谋。从天下层面来看，停战是强国为了形成垄断体制的战略部署，没有进入垄断体制的国家因强国的停战，反而陷入了更严重的战乱。从单一国家层面来看，停战反而加速了领导层内部的权力斗争。停战减轻了外部负担，使各国的上流贵族开始关注国内。晋、齐、楚无一例外，贵族势力威胁公室，士大夫们为了扩大自己的势力互相竞争。

所有问题最终可归结为春秋时代的内部秩序，一些细致的、始终存在的、能量无限的道理与规则。那么，春秋时代的新秩序到底有什么问题呢？一个现实是，可利用的资源，即未开垦的土地还很多。谁来开垦这些土地呢？土地是权力的基础，谁会基于这种权力宣布独立呢？如若遍地都是需要开垦的土地，那么现存的两极（晋与楚）便不是真正的两极。如果能够有效利用资源，就应该出现超越晋与楚的新势力。因此，现在并不是争夺毫无实际利益的霸权地位的时期，而是需要暂时允许垄断体制的时期。垄断体制的终点大步走来，迎接民众与贵族的是比春秋时代还要激烈的竞争。这一新时代正是战国时代。

晋、楚抛弃了名义上并不完整的两极体制，最终拉开了战国时代的序幕。在垄断体系中被淘汰的国家都将永远消失。中等规模的国家为了进入到垄断体系中拼尽了全力，而大国以更快的速度吞食着体制外的小国。这好似老虎暂时停止了它们之间的争斗，奔向草原专注于抓捕鹿群一样。马克思主义理论家所主张的帝国主义者间的联合就与此相同，剥开国际体系的外衣就会裸露出剥削的本质。

## 1. 会盟秩序外的国家进入战国时代——小国的受难时代

实际上，晋、楚之间的弭兵会盟发挥了重要作用，在弭兵会盟后四十余年间，两国再没有发生战争。但在弭兵会盟之后不到三十年，晋的优势地位已经名存实亡，形成了各大世族分割国家的局面。另外，郑、齐、宋三国不再与晋结盟，瓦解了晋的霸权。在国家逐渐分裂之际，随着公元前497年赵鞅在晋阳（今山西省太原一带）建造城池，形成了实际上的独立国家后，晋国最终沦为各大世族的联合体。因此，公元前500年以后，晋国实际上并非一个完整国家了。

晋、楚两国主导的弭兵会盟，结束了晋、楚两国南北对决的形势。同时，休战为晋、楚两国休养生息、吞并其他小国争取了时间。休战协议起到了防止强国间发生军事干预的作用。

不久之后，楚便攻陈、吞蔡，中原的各诸侯国并没有像以往那样积极介入，盟约确实有效。但楚国其实另有觊觎，那就是吴国。得益于盟约，楚在东部战线转变为攻势，因弭兵会盟消除了北方的威胁，楚国可以放心与吴国展开决战。随着楚、吴之间的战争越来越激烈，夹在其中的小国逐渐沦为了两国的军事基地，最终未能摆脱亡国的命运。在本书的主人公子产执政时，楚与吴已经陷入恶战之中。

当然，利用休战期的并不只有楚国。每当南方地区形势稳定之时，晋国就会觊觎太行山一带的各民族。公元前 541 年，荀吴率领步兵部队北上太原，与太原包括无终族在内的各狄族对峙。此时的晋军采用了前所未有的阵法，即放弃战车，以步兵为主力。魏舒见军队在狭小地形中与敌作战，便建议道："他们用步兵，而我们用战车，交战地点地形狭窄，如果十名步兵对一辆战车，我军必败，又或者战车驶到狭小路口，我军也必败。[①]要全部换成步兵，就先从我的部队开始吧！"

此后，改战车为步兵，将五辆战车的搭乘人员规定为三伍人（如果每辆战车搭乘三人，伍则意为以五个人为一个单位）。荀吴的手下爱将，可能是因无法接受从指挥官变成步兵，所以没有服从命令，魏舒便将其斩首示众。至此整个军队全部改编为步兵，共有五个阵

---

① 关于此部分的描写，《左传》原文为"以什共车必克，困诸阨又克"，意为"如果用十个人来挡车必胜，将车逼进窄路也必胜"。《春秋左传正义》则解释为"以十人一队替代战车必胜，战车会被挡在窄路中，现在弃用战车必胜"。而韩国关于这部分的解释中，后一句被解释为"以十人为一个小分队替代战车作战必胜，将步兵置于窄路中，使敌人陷入困境也必胜，愿全部改编为步兵部队"。因内容过于简练，主语也不明确，虽然韩语解释有一定道理，但意译的成分较大。按《春秋左传正义》"困诸阨又克"可被解释为"战车驶入细巷口，对我军不利，弃战车必胜"，可以说完全重写了文章。国内的翻译本将"困诸阨"解释为将敌人陷入狭窄地形，而从文理来看，"诸"应该是指战车难以行走的地形，但是文中又出现了让敌人陷入狭窄地形的步兵。都有过度解释的嫌疑。考虑到《左传》是古文形式，我认为这句话的意思是："如果敌军十人抵抗我军一辆战车，敌军必胜；如果用步兵（后人接上）抵抗被困在狭窄地形的战车，敌军也将取得胜利。在目前形势下以战车迎战，不利因素很多，应该改用步兵。"如果这样解释，下面的内容也比较容易理解，其后的内容中并没有以十个步兵作为一个单位。

## 被视为兵马俑军阵的兵制演化

秦兵马俑2号坑军阵　战车－步兵－骑兵的混合编组

③骑兵方阵＋战车方阵

④步兵方阵

②步兵方阵＋战车方阵

①战车方阵

| ● | 人 |
| 马 | |
| □ | 战车 |

①春秋时代→②战国时代→③＋④战国时代末期

150

营，各阵营之间的分布均隔了一段距离。两的部队分布在前方，伍的部队分布在后方，专的部队负责右翼，参的部队负责左翼，偏的①部队担任前锋抗敌后引诱敌军。

敌军对于这种闻所未闻的编制嗤之以鼻，但荀吴趁敌军未整备好军队之时进攻而大获全胜。此役是中国战争史上值得关注的战役。因为此次战役是大规模军队完全抛弃战车改用步兵布阵的首次战役。但百年之后北方便出现了骑兵部队，因骑兵的出现，战车逐渐被取代。

之后的目标是鲜虞，俗称为中山国的国家。中山国位于现在的河北省平山一带，如果攻下这个国家，将打开通往广阔华北平原的太行路。如果打开通往华北平原之路，晋就不再是一个盆地国家而是一个平原国家了，但其建设成果有被夺走的风险。

公元前530年，晋荀吴假道鲜虞，灭肥国。肥国位于太行山东侧，是同种族的鲜虞国东面的附属国。次年冬天，将太行山置于左侧，从南突袭鲜虞，大胜而返。公元前527年又灭掉了同种族的鼓国。晋军先断掉鲜虞通往东侧的道路，最后从西侧进攻，晋的这种作战方式使鲜虞左右受累。

南面的异族也不例外，公元前525年，荀吴灭掉了陆浑戎。陆浑戎地处周王室京畿附近的洛水上游要地，随着晋攻下陆浑戎，等于是巩固了其在南方的版图。

当时齐国也通过攻打莒国谋利。莒国位于山东平原的肥沃土地上，所以齐国掠夺莒国收获颇丰。甚至像鲁国这样的小国为了发展势力，也利用休战时期攻打周边国家。弭兵会盟带来强国之间休战的同时，对于小国来说反而是灾难。

---

① 部队名称并不明确，应该是以步兵部队的最少编制单位命名的，例如伍应该是由五人小分队组成的部队。这与《周礼》中的一般编制不同，应为临时编制部队。

## 2. 领导阶级内部的矛盾激化——公室的没落与世族之争

### 齐——崔氏的没落

上文已提及崔杼弑杀齐庄公的事情。因弭兵会盟，短期内外部不会发生战乱，而齐国的上层却从一开始就对弭兵会盟不是很满意，但也有人非常赞赏这一会盟，与崔杼关系甚密的庆封就是其中之一。

年老的崔杼娶了东郭偃的姐姐为妻，之后庄公也因此丧命。此女嫁给崔杼之时已有一子，名为棠无咎，此后又生一子，名为明。崔杼与过世的妻子育有成、彊两子，这些因素足以引发一系列问题。

因崔杼的大儿子身患疾病，崔杼立崔明作为继承人。这对他前妻的儿子们来说，并不是一个好消息，所以崔成请求退到崔氏的封邑崔邑，崔杼应允了。可是，这时已成为崔氏家臣的东郭偃及跟随母亲进入崔家的棠无咎，已起了独吞崔氏家产的野心。他们不仅不让出崔邑，还辩解称："崔邑是崔氏的宗邑，应该归崔氏宗主（新的继承人崔明）所有。"

崔成与崔彊不仅被父亲的新任妻子所生的年幼孩子夺取了继承人的位子，甚至还失去了崔氏家族宗邑，这彻底激怒了他们。他们决心除掉东郭偃和棠无咎。为寻找共谋大事的人，他们便到父亲的左膀右臂——庆封那里去诉苦。但庆封也是个不亚于崔杼的权谋家，他思虑再三，询问手下卢蒲嫳该怎么办。卢蒲嫳是个奸佞之人，他答道："他是君主（被崔杼杀死的庄公）的仇人，上天或许要抛弃他了，他家里确实出了乱子，您担心什么？崔家势力削弱，是庆家的福气呀！"

几天后，庆封给崔成兄弟回话："如果你们谋划的事确实对你们的父亲有益，那就除掉他们吧，如有困难我定当相助。"

他们深信庆封的话，将东郭偃和棠无咎在崔氏祠堂前杀死。大怒的崔杼要出门，因家奴逃散一空，竟没人给车套马。他只好叫来牲口棚的人套车，让随从驾车。他马上去找庆封，庆封有意回避他的话说："崔家与我们庆家本为一家，我怎么可能做出那样的事？我请求替您惩治他们。"

他说完就派卢蒲嫳杀掉崔成与崔彊，并抓住了崔家其他人，崔杼的夫人也上吊自杀了。庆封的所作所为真是卑劣的两面派伎俩。

崔杼回到家后发现两个儿子已死，家人也不知去向，自己竟无容身之地，随即绝望地上吊自杀了，年幼的崔明逃至鲁国。从此，庆封掌握了齐国的大权。尽管齐国发生内乱，但刚刚促成弭兵会盟的各诸侯国无意深究这一事件，因此，庆封就这样利用弭兵会盟实现了自己的目的。

但不足一年，他也被同样的手段击倒了。杀掉崔杼、掌握齐国大权的庆封，为了招募拥护自己的人，赦免了一些亡命徒并纳入帐下。此时，庄公死后逃亡到晋国的卢蒲癸也回到了齐国，并受到庆封儿子庆舍的宠信。他趁庆封出外打猎的机会，召集各世族杀死了庆舍，庆封回来后发现敌不过他们，随即逃到了鲁国。之后，齐国派使臣向鲁国施压，庆封又逃到了吴国。比卑劣的崔杼更卑劣的庆封竟落得如此下场。


### 晋——三氏的崛起

休战期间，各国均出现了内部权力纷争。晋国的情形可概括为：实力派卿士崛起、国君昏庸无道。晋国公室已经名存实亡，晋国瓦解只是时间问题。晋平公的母亲原为杞国人，作为权势逼人的悼公之妻，其威势自不待言。平庸的平公不敢忤逆母亲，他听从母亲的安排，在签订休战协定两年后，召集各诸侯在杞国筑城墙。为筑城被召集而来的卿大夫们都议论纷纷。

卫国大叔仪向郑国子太叔游吉抱怨说："给杞国筑城墙，真是不像话。"

子太叔回答说："能有什么办法呢？晋国不顾及（像我们这样的）

周朝同姓国家，反而为夏朝的子孙筑城，估计日后晋国还会继续牺牲其他姬姓国家。如果牺牲姬姓国家，谁还会与晋国结盟呢？"

有这种不满是理所当然的，但晋平公并没有意识到问题的严重性。这一年，吴国君主余祭被越国俘虏出身的侍卫杀死。为了向周边各国告知新君主的即位信息，刚巡视中原各国的季扎与赵文子、韩宣子、魏献子会过面，了解了实际情况后称："晋国的政权，早晚将归于赵、魏、韩这三大世族。"并给叔向留下了意味深长的话，即："你要注意保全自己，奢靡的君主手下有许多能力卓越的大夫，且他们都很富有。政权终将会落入他们之手。你为人耿直，一定要注意不要受此牵连。"

他的预言此后变成了现实，晋国大世族间久拖不决的势力之争与国家的分裂问题，在此后将慢慢到来。在此需要强调的是，世族间的纷争是在晋、楚休战的基础上形成的。正如士会所说，同时消除内忧外患非常不容易，特别是在春秋战国列强争雄的时代。

### 楚——令尹的两面

楚国也不例外，弭兵会盟两年后，楚康王驾崩。同年，令尹屈建也去世了。客观地讲，楚康王政绩平平，但屈建却是一位才能卓越的令尹。楚国失去了顶梁柱，政局陷入混乱。康王驾崩以后，其子郏敖登基，康王之弟公子围担任令尹一职，但公子围是君主的叔父，又是早已在国际舞台上声名在外的人物，因而野心颇大。赴楚国给楚康王奔丧的郑国使臣子羽看到公子围比君主更有威势，便预感到将来必生内乱。

"松柏之下，其草不殖。"事实也确实如此，公子围在郏敖登基两年以后，杀了大司马芬掩并夺取了他的家产。屈建与芬掩本来互相依靠，屈建死了以后，芬掩变得孤立无援，最终没能避开公子围的迫害。能够迫害掌握军权的大人物，也是因为利用了休战期。名臣申无宇感慨道："公子围必会惹祸上身。善良的人是国家的顶梁柱，公子围出任楚国令尹，本应召集善良的人当朝为官，却反而迫害善良的人。司马可以说是半个令尹，君主的左膀右臂，现在竟然砍掉了自己身体的一半，截掉了王的左膀右臂，国家必会遭殃。还有比这更不祥的事吗？怎能避免遭殃呢？"

但没有人能阻挡公子围。日后引发政变、夺取王位，并掀起一场血雨腥风的人正是他。郏敖的王位已经名存实亡，实权掌握在令尹公子围手中。这种内部纷争在小国也同样存在。季孙宿在为楚康王奔丧回国途中将鲁国要地卞邑占为己有，还装模作样地对鲁襄公说："卞邑人谋反，已经被臣平定了，现在卞邑在臣手上。"

鲁襄公又不傻，不可能不知道季孙宿的真实意图，称："明明是他想要占为己有，居然还借口卞邑谋反，真是欺人太甚。"他本不想回国，但在大臣的劝解下，还是回到了国内。季孙宿也同样利用了休战的空档分夺了鲁国。

那么，子产所在的郑国又是怎样的呢？

第 10 章

# 子产的政治改革——刺猬竖起身上的刺

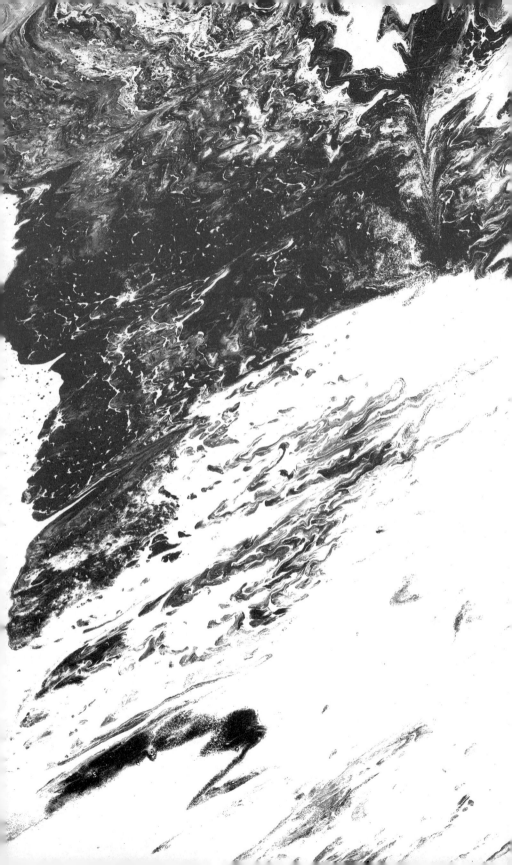

弭兵会盟的影响很大，冷战的局势比战争的局势更加复杂。对部分国家来说，虽然暂时避免了短兵相接，但比起战争时期，冷战更加令人不安。每逢遇外患必有内忧，所以各国都亟须能够治理内政外交的全才。幸好郑国有子产，他是一位具有坚实理论基础的现实主义政治家，不为内忧外患所动，让我们逐一分析一下他的政治活动。

## 1. 礼仪之本——小国去找大国是值得自豪的事情吗?

《论语》中有一句话是"三年无改于父之道,可谓孝矣"。

孔子下结论,总能做到根据不同的情况,采取不同的方法。这句话是为了告诫那些父亲刚刚去世就肆意妄为的人。但随着时间的推移,这句话似乎成了孝道的标尺。所以,历史上有很多士大夫在妻儿快要饿死的情况下,还坚持服三年丧,甚至在国家面临灭亡时也还在守灵。这些行为反而正符合孔子所批判的"人而不仁,如礼何?"制度的主旨已经消失,只留下形式这一躯壳的情况很多。比起反省,普通人更习惯于盲从,但子产却经常反问:"为什么要这么做?"

按照弭兵会盟的规定,第二年,郑国君主出访楚国,子产成为使团的首领。但在去楚国的途中,为君主准备卧榻时,子产没有为君主准备坛(土筑的高台,用于祭祀、会盟等),只铺了草席。担当外仆的人问子产:"以往大夫随君主出访邻国时都会准备坛,这是礼法,大人只铺草席会不会有点儿不妥?"

子产说："大国君臣到小国去就筑坛，小国到大国去，随便搭个帐篷就行了，哪里用得着筑坛？我听说过大国君臣到小国去有五种好处：赦免它的罪过、原谅它的失误、救助它的灾难、赞赏它的德行和刑法，教导它所想不到的地方。小国不困乏、顺服大国，好像回家一样，因此筑坛来表扬它的功德，公开告知后代不要怠于修德业。小国往大国去有五种坏处：请求饶恕自己的罪过、请求得到自己缺乏之物、要求尊奉大国之令、向大国进献贡品、随时服从大国之命。不这样，就得加重小国的进献贺礼，以期表达祝贺它的喜事或是吊唁它的丧事。这都是小国的祸患，哪里用得着筑坛招来它的祸患？只要告知子孙后代不要招来祸患便可。"

这话如若被郑简公听到，一定会被惊到。子产这是在批评他："小国去找大国并不是什么值得自豪的事情，还要什么好的卧榻？"子产警告在侍奉大国的同时，不可以陷入事大主义之中，要面对现实。国家关系的背后存在着国家间的剥削。子产敢于向不合理的惯例发起挑战，可以说就像是刺猬缓缓竖起了身上的刺。接下来，让我们一起看看子产接管郑国政治以后，是怎样将郑国发展成天下间的刺猬的。

## 2. 不趋炎附势而遵守原则

弭兵会盟之后，子产随同郑简公出访晋国，叔向问起郑国的政事。子产回答说："还要再观察一年，驷氏（这里指公孙黑，字子晳）、良氏（这里指良霄，子良的儿子，字伯有）正在争斗，不知道怎么调和。"

叔向说："他们不是已经和好了吗？"

子产回答说："伯有奢侈，倔强而又固执，公孙黑喜欢居于别人之上，两人互不相让，虽然已经和好，但还是结下了仇怨，不久就会爆发。"

子产肯定很失望，子产与伯有、子皙同为穆公的子孙，都是近亲。近亲相争的事情已经在各国传开，子产向知己叔向说起此事时，还是有些不好意思的。

子皙（公孙黑）与伯有（良霄）之间的争夺非常不堪。伯有爱喝酒，喜欢音乐，将乐器悬挂在地下室，彻夜喝酒。嗜酒成性的伯有根本无暇顾及政事。要向楚国派遣使臣之时，他推荐宿敌子皙出使，然后就回到家中喝酒。毫无耐性的子皙退朝后，召集驷世族人放火烧了伯有的家，伯有逃了很久，酒醒后直接逃亡许国。

有人对子产说要帮助强大的一方，这个建议被子产拒绝了。子产说："他们怎么能成为我的同伙？谁知道国家的祸患会怎样结束？"子产替伯有家族收尸后就打算去往国外。子皮不让子产离开。

当时罕氏站在子皙这边说："他又不顺从我们，为什么不让他走？"

子皮说："这个人对死去的人都有礼，何况对活着的人呢？"

最终，子产因子皮的挽留未选择亡命天涯，而是返回郑国，接受了与其他世族的盟约。良氏也是名门望族，不可能善罢甘休。伯有相信肯定会有人帮他，便决定回国反击。这时驷氏、良氏都请子产帮助，被子产拒绝了。子产说："兄弟之间闹到这步田地，我服从上天的安排。"

伯有失败后，被良氏一族杀害，这一次子产也选择了按照自己的原则行事。子产为伯有穿上寿衣，还为他号哭，并为他举行了葬礼。驷氏认为子产在帮助伯有，想要杀子产。子皮大怒，子皮辈分虽低，但很明事理地说："礼仪，是国家的支柱。杀死有礼的人，没有比这更大的祸患了。"

最后驷氏没有继续为难子产。子产两度在千钧一发之际，做出正确的选择。此后，子皮便认为子产是掌管郑国的不二人选。刚刚缔结的休战盟约在这一时期也开始发挥效力。羽颉（同为郑穆公的后代，是子羽的孙子）认为郑国内乱的原因在于子皙，他到晋国对赵武说应攻打郑国，但赵武以休战盟约为由，拒绝介入。

## 3. 出任正卿实行改革

内乱结束后，子皮想要把政权让给子产，子产谢绝道："国家小而备受大国欺凌，家族庞大且受宠之人众多。我不能治理好国家。"

子产是子皮的叔辈，子皮乃是子承父业接任朝政。他温和地说服道："我这只老虎率领他们听从您的吩咐，还有谁敢触犯您？您好好地辅助国政吧。国家不在于小，以小国侍奉好大国，国家自然会变强大。"

公元前543年，子产接受子皮诚恳的请求，出任郑国正卿。子产的内政改革始于整顿纲纪与谋求国家生计两方面。子产让城市和乡村有所区别，上下级服装有严格区别，田地界线清楚明白，沟渠灌溉畅通无阻，村舍田园井井有条。任用卿大夫中的忠诚俭朴之人、依法惩办卿大夫中的骄傲奢侈之人，这都是为了革新艰难混乱的郑国现状而采取的具体措施。

看似不经意的举动，但子产的行动都是经过一定谋划的。他是为了遏制穆公后代里势力强大的世族。当时穆公的后代压制王室，随意动用军队。所以，才区别城市和乡村，禁止私人调动兵员。为了调整官职中的上下级关系，规定上下级服装要有严格区别。成为争论焦点的田地界线问题，也是为了构建可直接动员农民的国家体制。这样就造成了大世族无法随意发挥作用的局面。最后，限制各大世族的消费，将公室与世族区别开来，但这一措施马上就遭到了许多人的反对。

穆公有一个儿子叫子丰，子丰的孙子子张（丰卷）想要打猎，将猎物作为祭品，请求子产同意，子产拒绝道："只有君主祭祀才用新猎取的野兽，一般人只要买着用就可以了。"

由此可知，在子产执政之前各大家族是可以随意狩猎的。子张觉得家族受到了侮辱，回去以后就召集士兵准备杀子产。但子产有子皮保护，子皮没有放纵子张，而是驱逐了他。可知子产执政之初面临许多困难，但是子皮一直支持子产，使他渡过了难关。

子产没收了子张的财产，但三年以后子产让亡命的子张回国复位，并把他的田地住宅和一切收入都退还给了他。子张无论是被驱逐还是被召回时，都深受子产照顾，人们都叹服于子产的光明磊落与无私。

根据记载，子产执政初期，人们对改革非常反感。当然这些舆论肯定是各大家族制造的。但随着时间的推移，人们都因子产执政给郑国带来了稳定局面而开始认可他。在他执政一年后，国内开始流传着这样一首歌：

> 计算我的家产而收财物税，
> 丈量我的耕地而征收田税，
> 谁杀死子产，我就帮助他。

歌词让人毛骨悚然。但到了第三年歌词就变了：

> 我有子弟，子产教诲他们，
> 我有土田，子产使之增产，
> 万一子产逝世，谁来接替他呢？

从民谣中，可了解到子产在明确财产权的同时，也开垦了农田。子产通过改革内政，在国内获得了较高的威望。

## 4. 子产的舆论观——被监督的权力更强大

好似拿破仑想要当皇帝一般，几乎所有拥有权力的人都本能地想要控制舆论。在他们看来，按照舆论导向行事，效率很低而且进展缓慢，舆论只是无能的人发牢骚的手段。那么，子产是怎么看待舆论的呢？子产在两千五百年前便提出了在现代政治家看来都觉得非常新鲜的观点。

《左传》中对公元前 542 年当政的子产与大夫然明之间的对话做了记载，对话中提到"乡校"一词。按字面意思来解释，则为"乡村中的学校"，《左传》中对其作用也做了详细记录。看起来与波斯战争以后古希腊培育民主市民的过程有几分相似。

据说当时郑国人聚在乡校评论政治，当政的子产肯定是大家讨论的首要人物。然明看到人们议论执政者施政措施的好坏，便向子产建议废除乡校，但子产却说："为什么废除？人们早晚来到这里聚一下，议论一下施政措施的好坏。他们认为对的，我们就推行；他们认为错的，我们就改正。这里有我们的老师啊，为什么要毁掉它呢？我听说过尽力做善事来减少怨恨的，没听说过靠摆威风来防止怨恨的。难道要靠强权制止舆论（暂时强制性的）？然而这就像堵住河水一样危险：河水大决口伤害的人必然很多，我是挽救不了的；不如开个小口导流，不如我听取这些议论后把它当作治病的良药。"然明赞叹不已地说："我直到现在才知道您确实是可成大事之人。小人确实无此才能。如真能这样做，郑国恐怕真的就有了依靠，岂止是有利于我们这些臣子呢？"

孔子听到这番话后也赞叹道："照这些话看来，人们说子产不行仁政，我是不相信的。"

此后，子产推行法治政策，深受后代儒家的批评。甚至与子产亲近的人也提醒他施政"是不是过于严格"。但孔子认为子产是仁者，即宽厚、仁爱的人。此后，治国范本《大学》《贞观政要》《资治通鉴》一脉传承下来的有关舆论的理论基础都是基于子产的这番言论。舆论虽然可以暂时被控制，但早晚会爆发。百姓如水，水能载舟，亦能覆舟。

## 5. 拆掉大国迎宾馆的墙垣

子产执政后的第二年，随同君主郑简公出访晋国。他的意外之举，让许多晋国大臣感到惊讶。

子产等人到晋国去，恰巧遇上鲁襄公丧期，晋平公因为鲁国有丧事，没有接见他们。子产一行人逗留在迎宾馆，但迎宾馆过于狭小，没有地方摆放进贡的物品。因而，子产派人将迎宾馆的围墙全部拆掉，才放进了自己的车马。晋国大夫士文伯（士匄）责备子产说："敝国由于政事和刑罚没有搞好，到处是盗贼，担心邻国的诸侯属官受辱，因此派了官员修缮来宾住的馆舍，馆门造得很高，围墙修得很厚，让宾客使者不会感到担心。现在您拆毁了围墙，您的随从虽然能够戒备，但是别国的宾客怎么办呢？由于敝国是诸侯的盟主，修缮馆舍和围墙都是用来接待宾客的，如果将围墙拆了，怎能满足宾客的要求呢？我们君主派我来问问你们拆墙的理由。"

士文伯对子产的举动感到吃惊，子产却不卑不亢地回答说："敝国国土狭小，处在大国的中间，大国责求我们交纳贡物没有固定时间，所以我们不敢安居度日，只有搜寻敝国的全部财物，以便随时前来朝见贵国国君。碰上贵国主事者没有空，无法觐见，又未接到君主的任何命令，不知朝见的日期。既不敢进献财物，又不敢将贡物存放在露天之中，唯恐受到霜露影响。如若现在进献贡物，就会成为贵国君主府库中的财物，结果却无法直接进献。随意放置贡物，如若受日晒雨淋或腐烂生虫，恐将加重敝国的罪过。我听说文公从前做盟主时，宫室低小，没有门阙和台榭，却把接待宾客的馆舍修得十分高大，迎宾馆像君主的寝宫一样。仓库和马棚也修得很好，司空按时平整路面，泥水工匠按时粉刷馆舍房间；诸侯的宾客来到，甸人点起庭院中的火把，仆人巡视客舍，存放车马有地方，宾客的随从有代劳的人员，管理车辆的官员给车轴涂油，打扫房间的、饲养牲口的，各自做自己分内的事；各部门的属官要检查招待宾客的物品。文公从不让宾客们多等，也没有被延误的事；与宾客同忧共乐，出了事随即巡查，有不懂的地方就指教，有所要就加以接济。宾客到来就好像回到家里一样，哪里会有灾患，不怕有人抢劫偷盗，也不用担心干燥潮湿。现在贵国的铜鞮（晋国的地名）公室虽方圆数里，却让诸侯宾客住在犹如奴仆住的房子里，车辆进不了大门，又不能翻墙而入；盗贼公然横行，无处安放物品而天灾难防。接见宾客没有定时，召见命令也不知何时发布。如果还不拆毁围墙，就没有地方存放礼品，如礼品受损我们的罪过就要加重。斗胆请教您，您对我们有什么指示？虽然贵国遇上鲁国丧事，可这也是敝国的忧伤啊！如果能让我们早日献上礼物，我们会把围墙修好了再走，这是贵君的恩惠，我们哪敢害怕辛劳？"

士文伯无言以对，赵武听了报告后也感到十分惭愧："的确是这样。我们实在不注重培养德行，用像奴仆住的房舍来招待诸侯，这是我们的过错啊！"

于是，他派士文伯前去道歉，承认自己不明事理。晋平公以隆重的礼节接见了郑简公，宴会和回礼也格外优厚，并下令重新建造迎宾馆。叔向听到此消息后评价道："辞令不可废弃，正是针对这种情况的。子产善于辞令，诸侯靠他的辞令得到了好处。"语意为好好款待客人，使客人感觉像回自己家一样，这也是成语"宾至如归"的来源。这句话已成为中国历代接待使臣的标准，特别是霸主对待使臣的方式会受到各方关注。子产的一番话使晋平公礼遇客人，传为了佳话，也使得使臣们可以要求得到相应的待遇。这反而成了对主人的褒奖，同时也成了此后各国使臣们的行为标准。

子产敢于表达小国的不满，却并不冲动。子产对待外交问题的慎重态度，有如下记载：

郑国将有诸侯之事，子产乃问四国之为于子羽，且使多为辞令；与裨谌乘以适野，使谋可否；而告冯简子，使断

山西省建筑物（下图）与寺院（上图） 山西省建筑物中的墙垣均是防御性高墙。

之;事成，乃授子太叔使行之，以应对宾客。是以鲜有败事。

如上所述，子产每当处理外交问题时，都会听取多位专家的意见，所以很少有失误的情况发生。子产的态度之所以这么强势，当然与晋国大不如前有关，但子产反而抬高晋国以礼相争，以各国的共同标准来理论，即使是霸主也不得不服。

政治家在讲道理时必须自己先遵守道理。主张道德与公正之人，如果本身不讲道德，就会成为笑柄，这个时候还不如不说理。子产无论是在国内还是在国外，都一如既往地以礼行事。他的行为正是他的资产和力量。可是，子产会根据不同情况改变做事风格。他在楚国的做事风格与在晋国就有所不同，让我们一起来看看子产对楚国的态度吧。

第 11 章

不稳定的和平——楚国的动乱与赵武之死

再高耸的大厦也抵不住风霜的侵蚀，再坚固的堤坝也终会被洪水淹没，人类的成就终究敌不过岁月的洗礼。正如波斯和罗马帝国也未能避免动荡的历史一般，复杂利害关系下的晋国霸权也未能长久。长期的国内矛盾因休战协定更加凸显。公室的实力越来越弱，称霸中原的军团居然难寻主人。虽然还有卓越的政治家在阻挡晋国公室的没落，但作为霸主，晋国的权威却正日渐削弱。

　　南方楚国的情况恰与此相反。因为要与吴国殊死相争，必须保有强有力的军队。而且新上任的令尹公子围，对霸权具有较强的野心。他早已看出北方晋国的颓势，时常介入中原事务并向晋国施压。公子围最终夺取了王位，但无论是称霸还是争夺王位，都是由于野心过度膨胀。

　　夹在大国间的郑国必须时刻保持着警醒。在晋国势力大不如前的情况下，南方又有极具野心的新君主即位，情况不容乐观。但郑国当政的子产却并不担心，他认为新登基的楚王虽有势力但却是个残暴之人，他知道这样的人物虽可称霸于外，却最终会因内部纷争落马。

## 1. 楚国令尹的结婚仪式——楚国、郑国名臣们的明争暗斗

　　子产开始执政时，楚国屈建已死，与屈建交好的芳掩也被新任令尹公子围杀害。所以当时的外交事宜主要由伯州犁与伍举负责。因楚国史料的缺失，对于他们事迹的记载很少，但根据只言片语，也能看出他们是何种水平的人才。伯州犁是以机智著称的伯宗的儿子，对晋国了如指掌，他自始至终尽忠于自己的国家。伍举是日后帮吴王阖闾与夫差将吴国发展成春秋末期最强国的伍子胥（伍员）的祖父，他和子产一样忠诚谨慎，临机应变的能力又远超子产。可以说伯州犁与伍举是楚国的智囊。

　　他们簇拥新的令尹来到了郑国，又发生了什么事呢？原来，楚国的令尹公子围准备娶公孙段（丰氏，字子石或伯石）的女儿为妻，这是春秋时代常见的国家间的联姻。郑国须要好好接待楚国使节，日后与楚国亲近的国家才会相对安稳，而且成婚的令尹很可能会登上王位。但郑国迎接这么大规模的使节团入城有些力不从心，而且令尹性情古怪已经在各国传开。如果因为接待宾客事宜被抓住把柄，很可能会造成不愉快。

郑国好言好语地将使节团安排在城外留宿，接着楚国大部队要进城迎亲，子产非常担心这个环节会出问题，便派使臣子羽拜托楚国："我们国都狭小，怕是容不下你们这么多迎亲人员，还是在城外举行婚礼吧。"

公子围派太宰伯州犁回复子羽说："你们君主赐予我们这么大恩惠，娶公孙段氏家女儿作为围的妻子，公子围在本国布置了几席。在楚庄王、楚共王的庙里祭告后，来到你们这里。如果你们在野外赐予这门亲事，那就等于将君主的赐予扔到野草中，这也是让公子围不得不与贵国的卿大夫并肩。不仅如此，还会让公子围欺骗他死去的君主，并且无法侍奉未来的君主，希望您能再三考量其中的利弊。"

子羽答复："小国无任何过错，但只相信大国国威而不惧怕，实乃大罪。虽然坚信大国会稳定敝国，但（在郑国城内或是楚国使节之中）怎能担保没有加害于我们的狠毒之人呢？（因此，因坏人经常引发战争）小国失去了依靠而非常害怕，还要警惕其他诸侯国，唯恐受大国怨恨，所以还是难免要违背君主的命令啊。如果不是这样的话，敝国是替贵国看守迎宾馆的，怎会舍不得丰氏一个祠堂呢？"

这是很郑重的拒绝，伍举知道郑国对他们已有了防备，于是大胆地提议道："那么，我们将箭都放入弓袋背着进城。"楚国使节并无恶意，而且表明无论发生何事，使节团都不会做出任何反应，会听从郑国的安排。因此，子羽就同意了，这件事可以说是伍举的胜利。

## 2. 会盟显现楚国令尹的野心

楚国令尹一行人在郑国迎娶新娘后便直接到了虢参加会盟，这是确认弭兵的会盟。在此次会盟中各诸侯国观察到楚令尹公子围的行为，大概猜到了楚国的国内情况。晋国祁午向赵武建议不必再忍让，说道："以前在宋国结盟时，楚国在我们之前歃血为盟，当时楚国令尹子木（屈建）守信义，是受各诸侯国称颂的人物，但仍想欺骗我们晋国。今日的令尹不守信义已经在各诸侯国传开，如果这次还听从楚国的话，那真是我国的耻辱。大人为晋国执政，主管会盟已经七年，期间曾两次会合诸侯，三次会合大夫，使齐国与狄人俯首，使东方的夏族平稳，平定了西方的秦乱。（中略）这都是您的功劳，您兼具威信与名声，真是担心您再次让步于楚国，以耻辱告终。"

赵武很坚定地回答道："谢谢您的这番话，上次在宋国盟约时，楚国屈建欲害人，但我赵武一直遵守信义，所以看起来楚国占了上风。直到现在我的想法也没有改变，我将以信义为根本，并按照信义行动。就像农夫，只要勤于除草培土，即使发生一时的灾荒，也必获丰收的年成。"

虽然赵武显得有些力不从心，但他仍然是晋国的栋梁，而楚国的令尹公子围又得到了怎样的评价呢？他的服装非常夺目，不仅衣着华丽，还带了两名侍卫，所以大夫们议论纷纷。比如鲁国叔孙豹就说："楚国的公子围穿的服饰太神气了，简直不像是大夫的格局，倒像是国君。"

郑国子皮说："他前面有卫兵拿着戈开道。"

蔡国子家说："公子围住在蒲宫（楚国别宫），是楚国的令尹。有拿着戈的卫兵在前面开道，不也可以吗？"

伯州犁忙打圆场道："这次出行（服装与侍卫）是向我们君主请示后借用的。"

郑国使臣子羽（公孙挥）试探地说："估计借了就不还了吧？"

伯州犁马上反驳说："你还是好好担心你们国家子皙（公孙黑）反叛的事吧。"

伯州犁在外人面前虽这么说，但内心不免焦虑。

郑国子羽反问道："你是说宝玉（王位）外借不还，也不用担心吗？"

见情势不妙，齐国国子（齐国的辅国正卿之一）随即打圆场："我来替两位大人担心好了。"

令尹公子围的服饰与行为在列国引起了强烈反响。会盟结束后，赵武应邀赴公子围的宴会。宴会上公子围竟然唱起了将自己比作周文王与周武王的歌曲。赵武回来后向叔向问道："令尹似乎觉得自己是君王呢，您怎么看呢？"

"国王势弱而令尹势强才会如此，但令尹不会善终的。"

"为什么呢？"

"恃强凌弱者如果自觉心安，他就是不义之人，不义而强者倒台也会很快。"

公子围很快就达到了自己的目的，但外界普遍认为公子围也会在不久之后落马。在楚国出现了这种令人匪夷所思的令尹凌驾于君王之上的情形，只因伯州犁与伍举等政治家健在，才阻挡了楚国的威望在列国之间的不断下滑。


## 3. 楚国暴君灵王登基

同年，楚国令尹公子围派黑肱与伯州犁到郑地等郑国周边要塞地筑城。郑国人都非常惧怕，但子产对于日后将要在楚国发生之事了然于心。"不会对我们造成不利影响，令尹是为了日后夺权想要铲除此二人，灾祸不会殃及我们。"在子产看来，楚国令尹这是在为自己夺权布局，将有实力的人物向外调离，其中最有实力的人物即黑肱与伯州犁。

这年冬天，令尹公子围与伍举再次去往郑国，但出发没多久便传来了郑敖病重的消息，伍举按原计划继续去郑国完成使臣的任务，而公子围立即回国。

这位野心家没有放弃这个绝佳的机会，他借看望郑敖之名，进入寝宫亲手缢死郏敖，继而把郏敖的两个儿子也杀了。他的两个弟弟公子黑肱和公子比只好逃命到晋国、郑国①。之后公子围又杀掉了天下人才伯州犁。想必公子围根据平日的表现，觉得伯州犁不会忠诚于自己。他不正是之前杀掉芬掩，以铲除先王手足的冷酷之人吗？登上王位的这个人就是楚国的暴君——灵王。之后，伯州犁的后代在吴国大展身手，成了楚国的祸患。

那么，伍举为何做出这样的选择呢？伍举在郑国时，楚王派使节团到郑国报丧，伍举问使者："有人问起谁是继位人，你要怎么回答？"

使者回答说："敝国大夫公子围。"

伍举更正使者的讣辞说："应该这样说，共王的儿子围为年长。"

伍举的临机应变真是出神入化。伍举为了楚国的大业，不得不为残暴之人效命，但此时他还没有料到，为这种人效力是一件多么艰难的事情。当然，伍举与新王之间有秘密协议也未可知，但为新王效命的伍举却感到越来越失望。

## 4. 晋国公室的顶梁柱赵武之死

赵武是世卿大族的宗主，同时也是支撑公室的顶梁柱。他尊重王室有以下几点原因：首先，从政治角度来说，如果各大氏族藐视王室，互相争权，晋国将会瓦解，他担心这会导致以晋国势力为基础的赵氏家族的威望也随之消失。其次，是赵武个人性格原因，他本人非常重视信义，在他成为晋国王室的顶梁柱后，很难做出背叛王室并追求一己私利的事情来。但随着他日渐年老，就有人想要利用

---

① 《史记·楚世家》记载为子比，比是子干的名字。令尹公子围与子皙、子干都是共王的儿子，所以说，公子围是一个杀害侄子和侄子的幼子，同时想要加害弟弟的邪恶之人。

他的势力与威望，其中就有周王室天子。

会盟结束以后，周景王派刘定公设宴慰劳赵武，想要了解他的心思。席间，刘定公忽然谈到了大禹，他有所指地说道："禹帝的功绩真是太伟大了，他的美德真的是流传久远！没有他，现在的我们大概只能像鱼一样生活在水里了吧？我和您现在得以头戴礼帽、身穿礼服，治理民众、管理天下诸侯，也都是靠当年大禹的力量。您何不远继大禹的功德，广泛造福于万民呢？"

刘定公是用比喻想让赵武辅佐名正言顺的盟主，赵武回答道："老夫只是想着怎么不犯过错呢？哪还能想那么长远的事？我们偷食苟安，早上都不去想晚上的事，您说得也太长远了。"

赵武力不从心是事实，但赵武这样说，也是因为不想许下实现不了的诺言。执掌晋国事务已经很吃力，哪还有余力介入天子的事情当中呢。更何况周宫室暗斗日益复杂，他就更不想掺入其中了。大失所望的刘定公返回后，带着诅咒的语气对天子道："谚语说，人老了是又聪明又糊涂，说的应该就是赵（赵武）这样的人吧。身为晋国的正卿，号令诸侯，却把自己等同于一个下役，早上都不考虑晚上的事，这样就等于把神、人全都背弃了。神明愤怒，民众背叛，哪里还能够长久？赵孟活不过今年了。"

以狐狸般的心机勉强维持国家的周王室揣度晋国正卿的心思，这也是理所当然的。这只狐狸眼见自己伎俩行不通，就开始诋毁对方。但赵武是一个直面现实的人。以周王室之名义主管天下的时代已经远去，晋国现在对内要阻止分裂，对外要减少不必要的介入，况且赵武自己也日渐衰老。

公元前541年，赵武到南阳，在兴起开族的曾祖父赵衰的祠堂进行祭祀后而亡。赵衰是谁？是辅佐晋文公称霸的人，也是在晋国赫赫有名的赵氏的开创者。单看赵武死之前为曾祖父拜祭的事情，就可知赵武是有心机的，但维持晋国的支柱就这么没了。

包括《史记》《国语》在内的几乎所有史料都评价称，赵武的死导致了晋国公室的名存实亡。韩起继赵武之后任正卿，但既没有赵武霸气，也没有赵武公正、清廉。此后，各家族都在扩张势力，晋国很难再插手各诸侯国的事宜。在赵武死后两年，叔向对造访晋国的齐国使臣晏婴说明了本国的情况。从叔向与晏婴的对话中可以了解到两国的巨大变化。

叔向问："齐国怎么样了？"

晏婴回答说："现在是末代了，我不知道该怎么说，齐国恐怕是陈氏的了。君主抛弃他的百姓，使他们归附陈氏。他们以大升借出粮食，用小升还，廉价出售山上的木材或者海里的海产品，以收买人心。"

晏婴接着说："现在我国百姓把劳动收入分成三份，两份归公家，一份用来维持自己的衣食。君主聚敛的财物已腐烂生虫，百姓们却挨冻受饿。因受刖刑的人很多，各个市场上鞋价便宜而假腿昂贵。公室的苛政日益严重，百姓归附陈氏像流水一样快。"

叔向说："原来如此。我们晋国的公室，现在也到了末世了。兵车没有战马和人驾驭，国卿不率领军队；君主的战车，车左车右都没有好的人才，步兵队伍没有好长官。百姓疲病，但宫室更加奢侈。道路上饿死的人随处可见，而宠姬家的财物多得装不下。百姓听到君主的命令，就像逃避仇敌一样。栾、郤、胥、原、狐、续、庆、伯这八个大家族的后人已经沦为低贱的吏役。政事由私家决定，百姓无所依从。君主一天比一天不肯悔改，用行乐来掩盖忧愁。公室的衰微，还能有几天？"

当然，使晋国公室衰微的家族中也有赵家，但赵武在世时情况还不至于这么严重。

### 公室衰微的恶性循环

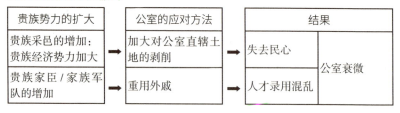

| 贵族势力的扩大 | 公室的应对方法 | 结果 | |
|---|---|---|---|
| 贵族采邑的增加：贵族经济势力加大 | 加大对公室直辖土地的剥削 | 失去民心 | 公室衰微 |
| 贵族家臣／家族军队的增加 | 重用外戚 | 人才录用混乱 | |

　　晋国随后被大家族分裂，但忽视历史潮流走向的公室却一味奢靡。各家族势力的平衡被打破，形成了几大家族的垄断格局。晏婴与叔向在对话中已经预见到几大家族会代替公室的端倪。那么，百姓为什么会抛弃公室呢？随着大家族免税土地（采邑）的增加，公室想要在有限的直辖土地中获得更多税收，因而失去民心，被百姓抛弃。齐国与晋国情况相似。

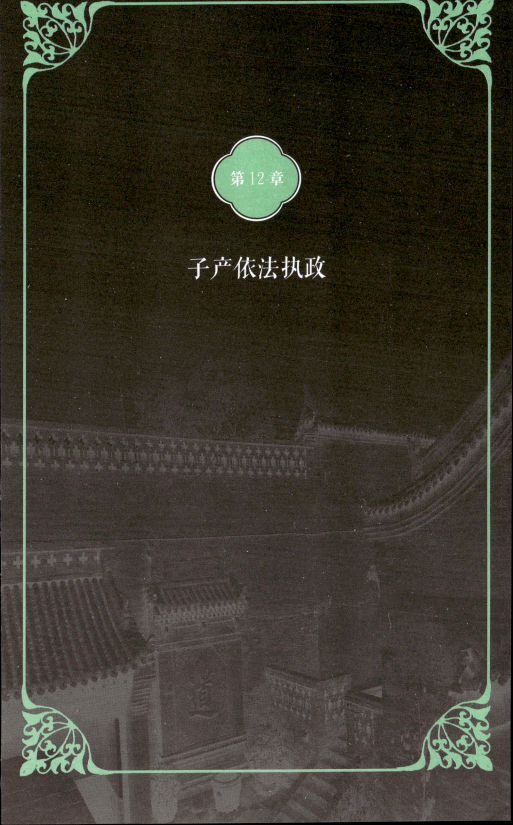

第 12 章

子产依法执政

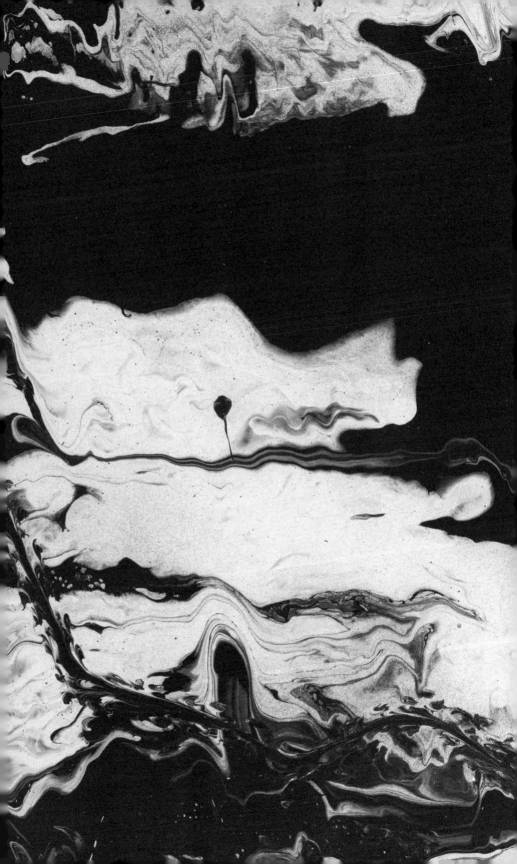

各国对于"以德治国，还是以法治国"，或"以仁治国，还是以法治国"的争论由来已久。主张以德或仁治国的人通常被称为儒家；主张以法治国的人通常被称为法家。当然法与德不可能完全划清界限。齐国的《管子》被认为是大体总结了法家宗旨的治国书，但就连这本战国时代的书籍也未能全面阐述法度。因为，直到当时法与德的矛盾还未爆发出来。

　　但之后，法与德的矛盾越来越尖锐，重法与重德的人各有特点。敏锐的历史学家司马迁批判法家刚愎自用，同时引用晏婴的话批判儒家太过拘泥于繁文缛节。

　　子产在中国历史上首次公布成文法，并以此闻名于世。让我们一起仔细了解一下子产制定法律并施行的过程，同时思考法于政治的意义。子产是多面人物，不能简单将其归类为法家或儒家的任何一派。所以孔子尊其为儒家的典范，韩非子称其为法家的榜样。现在，让我们一起看看他是怎么推行法律的。

## 1. 允许犯错

　　第 10 章讲述了子皙（公孙黑）与伯有相争，最后伯有被杀。当时子产并没有站在势力强大的子皙一边，而是保持了中立，因此事子皙一党曾经想要加害于他。可是，子产执政以后并没有追究此事。子皙作为贵族，过于刚愎自用且肤浅，因而不断制造各种事端。

　　徐吴犯的妹妹貌美，子南（游氏，名楚，人称公孙楚）想要娶这位女子。而子皙贪图她的美貌，硬派人将其带走并监禁。两个强大世族因妹妹相争，徐吴犯非常害怕，就去找子产。子产的回答非常简明："这是国家政治混乱的原因，并不是你的过错，她愿意嫁给谁就嫁给谁。"

　　徐吴犯请求子南和子皙，让其妹妹自己选择夫君。他们答应了这一提议。一人有财，另一人年轻有自信。子皙穿着非常华丽，进来放置了财礼就出去了。子南穿着军服进来，左右开弓，一跃登车而去。该女子在房间内观看两个人，颇有眼光地说："子皙确实是很美，不过子南是个真正的男子汉。丈夫要像丈夫，妻子要像妻子，这才合乎情理。"

徐女嫁给了子南。子晳接受不了失败的苦果而大怒，不久后就把皮甲穿在外衣里去见子南，想要杀死他并占有他的妻子。子南知道他的企图，拿了戈追赶他，到达交叉路口追上后，用戈敲击他。子晳受伤回去，告诉大夫说："我很友好地去见他，不知道他有别的想法，所以我受了伤。"

子晳的企图只有子南知道，大夫们很难知道子晳在说谎，而且受伤的毕竟是子晳。子产与大夫们一起商议后做了决定："各有理由，年幼、地位低的有罪，罪在子南。"

于是就抓住子南并列举他的罪状说："国家的大节有五条，你都触犯了。惧怕君主的威严，听从他的政令，尊重贵人，侍奉长者，奉养亲属，这五条是用来治理国家的。现在君主在国都里，你动用武器，这是不惧怕君威；触犯国家的法纪，这是不听从政令；子晳是上大夫，你是下大夫，而不肯在他下面，这是不尊重贵人；年纪小而不恭敬，这是不侍奉长者；用武器对付堂兄，这是不奉养亲属。君主说：'寡人不忍杀你，赦免你，让你到远方。'尽你的力量，快走吧，不要加重你的罪行！"

子南被逐至吴国，真正的罪人是谁呢？事情源于子晳的贪念，因没有办法证明，只好这样判决，但子产却并没有忘记子晳的过错。子产并不想放逐游氏家族的人才，子产征求游氏宗主子太叔（游吉）的意见。

子太叔非常公正地说："我不能保护自身，哪能保护一族？他的事情属于国家政治，不是私人恩怨。您为郑国打算，有利于国家的事情就应去办，又有什么顾虑呢？周公杀死管叔，放逐了蔡叔，难道是不爱他们？这是为巩固王室。我如果犯罪，您也要严惩不贷，又何必顾虑游氏诸人？"

此事最终以子南被放逐而告终。

## 2. 铲除邪恶的种子

接连几件事都未受到惩罚，子皙愈加猖狂起来。攻打伯有家族没多久，子皙又想除掉游氏。子南被逐后的第二年，子皙带着家兵攻打游氏，但由于旧伤发作，没能成功。驷氏（子皙为驷氏）家族便想要杀死子皙，大夫们也决定将其铲除。

子产正在郑国边境，听闻此事后，担心引发更大的事端，害怕来不及，乘坐了驿站马车迅速赶回。他不希望发生公报私仇的事情。他认为应该走司法程序。最终由官吏历数他的罪状："伯有那次动乱，由于当时正致力于侍奉大国，因而没有讨伐你。你怀有叛乱之心尚不知悔改，国家已忍无可忍。你自行攻打伯有，这是你的第一条罪状；与兄弟争夺妻子，这是你的第二条罪状；薰隧会盟时，你肆意修改君主赐予你的爵位，这是你的第三条罪状。[1]有了这三条死罪，怎能再次容忍你的罪行呢？如果你不快点儿自行了断，将受到极刑。"

子皙自知无法逃脱制裁，再拜叩，请求说："我的死只在朝夕间，那是上天对我的惩罚，请不要帮着上天加速我的死亡。"

子产毫不留情地说："哪个人可以不死？凶恶的人不得善终，这是天命。做了凶恶的事情，就是凶恶的人。不帮着上天，难道帮着凶恶的人？"

子皙请求道："让（我儿子）印担任褚师的官职吧。"

子产说："印如果有才能，君主将会任命他。如果没有才能，早晚和你一样的下场。你对自己的罪过毫不悔改，还请求什么？如不尽快自行了断，司寇即将到来。"

子产对子皙的最大恩惠就是让他自行了断。最终子皙上吊死了。子产将子皙的尸体暴晒于大街上，将写有其罪状的木头放在他的尸

---

[1] 因子南被放逐一事，君主与卿大夫达成了盟誓。基本上，发生内乱之时，为了防止以后再发生这类事件，达成盟誓是一种惯例。当时子皙未受邀而强行将自己的名字纳入其中，这是一种越权行为。

体旁。子产已经给了他三次机会，但子皙却屡教不改。所以子产依法行事时，定会毫不留情。

## 3. 铸刑书

从时间上来讲，"铸刑书"应是几年后的事情，但在此先讲述一下，子产推行依法治国进程中，这是值得关注的重要事件。公元前536年，子产执政时期，郑人用金属铸造了刑书。

"郑人铸刑书"在《左传·召公六年》中有记载。"铸刑书"在历史上具有重要意义。首先在列国引起了极大反响。让我们先从《左传》的记载中，了解列国的反响，再讨论它的历史意义。

听说郑国铸刑书后，晋国叔向马上给子产写了一封书信。一向尊重、理解子产的叔向，这一次却对子产严词训斥：

"之前我一直担心大人并维护大人，今后将停止这种做法。从前先王处理事务时，都用审议而不用刑法。这是害怕百姓间产生争夺之心。尽管如此，依旧未能防止争夺之心的产生。因此应该用道义来防范、用政令来约束、用礼仪来奉行、用信义来坚守、用仁爱来奉养。同时，制定禄位，以勉励下面的人追随上面的人；严格地执行刑法，以管理淫乱的行为，生怕继续出现不好的行为。因此，用真诚的忠告来教诲他们，用专业知识和技艺教导他们，用和悦的态度命令他们，用严肃认真对待他们，用威严监临他们，用坚决的态度判断他们的罪行……

"百姓深知有成熟完善的刑法，会对上面的人不再恭敬。大家都有争夺之心，以刑法作为根据，尽管解决了问题，但再也无法治理他们。夏朝政治紊乱之时，制定了禹刑；商朝政治紊乱以后，制定了汤刑；周朝政治紊乱以后，制定了九刑。这三种刑法的产生时间都是各个朝代的末世。现在大夫执掌郑国的政权，严格划定田界水沟，制定允许毁谤政事的政令，还制定过去政治紊乱时期的刑法，甚至还铸在鼎上。大夫准备用这种办法稳定百姓，是不是有点儿太难了？……

"百姓明白了争议的噱头（刑法），将会逐渐丢弃礼仪，逐一依照刑书的字句，只要有一点儿不符合规定，都要争个明白。那么，监狱会充满触犯法律的人，贿赂的风气将高涨。到时，大夫的时代将结束，郑国也必然会失败！据我（叔向）所知：'将来国家要灭亡，其制度必然非常繁杂！'恐怕就是针对这个所言！"

子产非常坦然地给其回信：

"正如同您之所言，我并无任何才能，无法考虑到子孙后代，只是想挽救自己的国家。既然不能接受您的命令，又岂敢忘了您的恩惠？"

子产并未改变初衷。

叔向责难子产二十六年后，子产已闻名于世，晋国的大臣也开始做与子产相同的事情。赵鞅与荀寅在鼎上铸上范宣子制定的刑书，放在晋国各处公之于众。对于这件事，孔子也与叔向一样责难晋国政治家。《左传·召公二十九年》中记载了孔子的责难。

晋其亡乎！失其度矣。夫晋国将守唐叔之所受法度，以经纬其民，卿大夫以序守之，民是以能尊其贵，贵是以能守其业。贵贱不愆，所谓度也。文公是以作执秩之官，为被庐（今地不详）之法，以为盟主。今弃是度也，而为刑鼎，民在鼎矣，何以尊贵？贵何业之守？贵贱无序，何以为国？且夫宣子之刑，夷之蒐也，晋国之乱制也，若之何以为法？

古文中关于刑法的记录颇多。《尚书》中有关于吕刑的记载，上述叔向的一段话也有多个刑法名称登场。铸造刑书表示记录刑法的书籍已经存在，但并未公之于众。其原因叔向与孔子已经有所说明。如将法律公之于众，下面的人就会仰仗法律，萌发争夺之心。

剥削理论家认为法是统治阶级剥削被统治阶级的道具，即维护国家的道具。但被统治阶级也可以使用法律。法律是一把双刃剑，历史上关于法律争论不休。例如，英国的权利法案极大地限制了王权，规定没有议会的同意，国王不可以改变法律或动用军队。权利法案否定了王权神授是君主立宪制开始的标志。法国《人权宣言》或美国《独立宣言》的目的在于保护无产阶级，进而保护个人的权利。法律是把双刃剑，古代的贵族不可能不知道法律的两面性。

刘邵对曹操建立的魏国中的著名人物进行了评论，他在著作《人物志》中这样评论子产：

（"兼有三材"——三材皆备的伊尹、姜太公是谓国体，即国家栋梁。）

兼有三种（德、法、术）才华，但三种才华水平不高，其品德的感召力足以统率一方，其法律、法令足以端正一乡，其谋略足以权衡一事之利弊，称为器能之人，如子产、西门豹。

刘邵涉猎所有古代典籍后将子产抬高为继伊尹、姜太公之后的人才。值得注意的是，他并没有将子产归类为法家，因为子产重法，但却同时重视德与术。根据情况不同，他为了息事宁人，不惜使用旁门左道。

《左传》中还记载了这样一个故事：

子产铸刑书的那一年，郑国有人因为惧怕伯有而互相惊扰，说："伯有来了！"大家四散逃开，不知跑到哪里去才好。还有人梦见伯有披甲而行，说："三月初二，我将要杀死驷带。明年正月二十七日，我又要杀死公孙段。"到三月初二那一天，驷带真的死了，国内的人

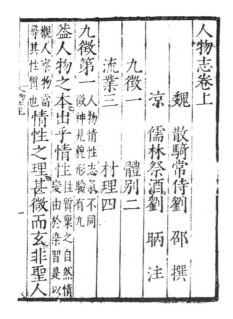

人物志卷上

魏 散騎常侍劉邵 撰

凉 儒林祭酒劉昞 注

九徵一 體別二 流業三 材理四

九徵第一 微神見貌形志驗氣有九不同

蓋人物之本出乎情性 情性之理甚微而玄非聖人

刘邵在《人物志》中，将子产与西门豹相提并论，称子产为"其德足以率一国，其法足以正乡邑，其术足以权事宜"之人。

们十分害怕。估计是驷带死后有人说梦，但谣传就是这么可怕。

在这之后，子产立了公子嘉的儿子公孙泄和伯有的儿子良止做大夫，来安抚伯有的鬼魂，事情才停了下来。后面章节会有所阐述，事实上子产并不信鬼神，几乎是一个唯物论者。但他为什么做出安抚灵魂的事情呢？另外，伯有是因罪致死，因为鬼神风波立继承人也不合道理。更奇怪的是还立了拉拢楚国、意欲造反的公子嘉的儿子为大夫。子产为什么这么做？

子太叔问子产这样做的原因，子产说："鬼有所归宿，才不做恶鬼。我是为他寻找归宿啊。"

子太叔又问："立公孙泄干什么？"

子产答道："是为了找借口，伯有不义，不能立后嗣，我不得已造出这种借口。（为伯有这种不义之人立后嗣，肯定有人不满，道：为什么不为公子嘉立嗣？所以才立公孙泄为公子嘉的后嗣，以平息将良止立为伯有后嗣的事情。）为了使他们高兴，立身没有道义而希图高兴，执政的人违反礼仪，这是用来取得百姓欢心。不取得百姓欢心，不能使人信服。不能使人信服，百姓是不会服从的。"

这就是子产的术，只要不触碰子产的底线，他都能比较灵活地应对。所以，他不是单纯的法家，而是综合型政治家。子晳如果在最初得到子产原谅时停止作恶，也就不会丢掉性命了。一旦兼具德与术的人执行起法律，就不会有法外开恩的情况。

《管子·版法》中也有相似内容：

> 法律公正，犯死罪的人不能得到原谅而必须杀死，百姓就会持敬畏心而惧怕。执行法律时不动摇，邪恶小人就会害怕。

"版法"是什么？不就是刻印在鼎上的成文法吗？子产的下一步行动便是公布成文法。春秋时代，列国均有法律，只是法律是为上流贵族阶级服务的，与今天大众皆知的成文法不是一个概念。子产的可贵之处就在于作为贵族毫不犹豫地公布了法律条文。当然他公布法律条文的原因，是为了在愈加激烈的列国斗争中，加强郑国势力。之后不久，失去霸权地位的晋国也开始走向依法强国之路。

叔向与孔子的指责有一定道理，如果法律成为秩序的标准，官司就会频现，人们也会互相埋怨。其实子产自己也很清楚，他们从这个角度看待法律，是为了不让下面的人找到对抗的方法，从而保护自己的家族利益。

如果子产为了铲除其他人而动用了法律手段，就应该受到责难。但子产本身就是一位伟大的儒家，他是兼具德、法、术三种能力的人才，所以他的术才具有威力。成文法在实践过程中纠正了一系列错误，逐渐成为融入百姓生活的法律。所以《管子》中记载有"铸刻法律（版法）""将法悬挂在官厅正门，让所有人都看到"，后世还有关于"家家都有一本管仲与商鞅的法"的说法。

法律已经不是上层贵族的专属物。今天的法律是从王的专属物扩散到贵族，再从贵族扩散到平民而形成的。子产铸刑书反映了当时的社会变化。这之后迎来了国家权力通过法律大力动员平民的时期，到那时国家权力再也不能仅靠道德控制民众了。子产已经预见到这个时代的到来，公布法律条文的目的，正如他对叔向讲的那样："只是为了挽救自己的国家。"贵族社会就这样逐渐走向了衰落。

第 13 章

楚灵王登基与子产的应对

子产执掌郑国国政，对郑国的体制进行改革的时期，正是楚、晋两国的休战期。此时，吴国仍然不断攻打、侵略别国，并趁着晋国势力衰退，不断想办法在诸侯国中增强自己的话语权。生性残暴、罔顾人伦的楚灵王继位之后，行事更加肆无忌惮。他在东边发动毫无意义的战乱，同时对各个诸侯国采取高压态势，逐渐失去了威信。总而言之，楚灵王的时代是不安的时代，在国内他没有建立任何显著的功绩，只是让百姓备受战乱之苦，饱受苦役折磨。

　　作为楚灵王的亲信大臣，伍举一方面帮助灵王实现他的霸业，另一方面又竭力遏制灵王的贪婪，然而，楚灵王残忍暴戾的天性，他始终无法改变。

　　在这种情况下，子产采取了与应对晋国完全不同的方式来应对楚国。对于不讲道理的人，想要用礼节和仁义去说服他是断然行不通的。若想避免遭受暴虐之人的残害，在内需要夯实自己的势力，在外必须承认他的强大。这一章将讲述子产应对楚国的方式，同时也一并探讨处在子产的对立面，却更加务实的伍举的方式。

## 1. 暴君的妄想——灵王妄想称霸

霸主是指那些能够将诸侯团结起来，共同对付道德有失之人的君王。齐桓公、晋文公、楚庄王等君王都可以被称作霸主。想要称霸仅有力量是不够的，还需要饰以道德的外衣。因此，霸主在各个方面都需要具备超越常人的杰出能力。齐桓公大胆果断，晋文公擅长自省，楚庄王礼贤下士。他们所具备的这些品质，使诸侯们对他们执掌大局心悦诚服。而楚灵王却没有这样的品质。

所谓时势造英雄，当时的局势呈现多极化，很难有哪一方能够压倒其他力量。但是，随着北方晋国的力量有所削弱，楚国的力量就显得相对强大，从而使楚灵王误以为自己可以称霸。他召集诸侯商议推翻吴国政权。为对抗楚国的攻击，吴国与北方的晋国联合起来了，而楚灵王想要打破这一联合体。那么诸侯们都是怎么想的呢？

楚灵王三年（前538），楚灵王的亲信大臣伍举前往晋国，在晋国朝堂上传达了灵王的意思。

"我的君主派我来向君主禀告，之前，君主施恩许可宋国的盟誓说过要寻求那些肯追随晋国与楚国的诸侯，近来，经历了不少战乱，寡君打算召集各位诸侯，共建友好情谊。如今，各方如果没有忧虑之事，寡君想邀请各位诸侯前往敝国一聚。"

听完伍举的话，晋平公大怒，楚国难不成想要称霸？左右有远见的大臣纷纷劝晋平公答应楚国的邀请，但晋平公断然拒绝。

他说："我国承蒙上天恩赐，占据要塞，马匹众多，而且齐国与楚国国内战乱频发，我们起码有这三方面的优势，谁能够战胜我们？"

司马侯（女齐）听言劝道："天下险要之地的主人不断在更换。冀北部的土地盛产马匹，但却没有出现强盛的国家。反而，齐国虽有仲孙之乱，却出了一位齐桓公，我们晋国虽有里丕之乱却出现一位霸主晋文公，因此，切勿认为别的国家一定会有乱象。纣王的淫乱暴戾使商朝灭亡，文王的智慧与谦和使周朝成为强盛的国家，何必要置诸侯们于不顾而与楚国不和呢？"

他这是让晋平公暂时不要与险恶之人发生冲突，搁置矛盾。晋平公也能分清利害，于是答应了楚国的邀请。当时，子产作为使臣也陪同君主一起前往楚国。楚王向子产发问，而子产的回答则与应对晋国时的口气完全不同。

楚王问子产："晋国会同意诸侯们来寡人这里吗？"

子产回答："晋国会同意的。如今晋王的处境日渐安逸，不会太在意各个诸侯国。大夫们也各自有所图谋，不会劝服君主。在宋国结盟之时曾说过，楚晋两国势均力敌不分上下，如果连诸侯国都不允许前来，这话又有何用呢？"

"那么诸侯国会前来我国吗？"

"一定会前来的。首先，它们理应遵守当初在宋国定下的盟约，赴君主之邀。另外，晋国既然已经同意，它们也没有了顾虑，又有什么理由不来呢？但是鲁国、卫国、曹国、邾国不会来。因为曹国忌惮宋国，邾国忌惮鲁国，鲁和卫又忌惮齐国而归附于晋国，只有它们几个不会来，而其他的诸侯国都处于君主的势力范围之内，怎么会不前来呢？"

"那么，遵照寡人的想法去实行也不会有任何问题吗？"

"切勿随心所欲地要求他们听从君主的命令，但是如果君主的想法与他们的想法一致，那么一切就能顺利实行了。"

抛开所谓的道德与仁义，子产从现实的问题出发，依据现实做出自己的判断与分析。这是否是因为他从一开始就知道，对于不讲道德的人来说，从道德层面去说服他，只会让自己处于危险的境地呢？连巧言善辩的伯州犁都难免一死，更何况子产呢？但是最后子产还是蜻蜓点水般地提醒楚灵王不要对诸侯随意发号施令，要寻求诸侯国之间利益的平衡点，但是楚灵王当然不是能听进去这种劝告的人。

## 2. 先示弱，后应对

不出所料，对于楚国发出的于炎夏时节举行会盟的要求，鲁、卫、邾、曹以各种借口没有前来。那么，郑国君主是如何应对这次邀请的呢？第一个到达会盟地点的正是郑国君主，既然不会去的必然不会去，而会去的一定会去，那么不如做那个最先前往的人。这是子产对待这件事的计策。既然楚国已经做出强国的姿态，还筹备了这样的活动，那么就应该对此表示出诚意。虽然郑国距离楚国相对较远，但却第一个到达楚国，其缘由当然是子产提前有所准备。

子产先俯首示弱，表现出如此的诚意，也不枉那么多的花费。

伍举帮助楚灵王主持了这次会盟。他时刻关注着灵王的一举一动。

"臣听说诸侯不知道该依附于何处之时，就会选择那些遵守礼节的君王。现在君王第一次将各位诸侯召集起来，务必注意自己的礼节，能不能称霸取决于这次会盟。"

但是，虽然他多次试图树立灵王的权威，把他的言行拉回正轨，然而最终都宣告失败。本来，灵王在主持会盟之前，嘱咐伍举指出他礼节不正确的地方。但是直到仪式结束，伍举一次都没有纠正他的言行。仪式结束后，灵王询问时，伍举这样回答：

"君主举行的仪式中，光臣不知道的就有六处，既然臣不知道又该怎么指正君主呢？"

他这是在指责楚灵王并没有遵守礼节。每次灵王犯错，他担心如果自己出面指正，会削弱灵王的权威，所以只能忍着不提。尽管如此，楚灵王仍本性难移，对各位诸侯的态度极为傲慢。

对此，伍举劝诫道："过去，天子召集诸侯，但凡表现出傲慢的神色，诸侯就会背弃他。现在君主对诸侯如此傲慢，岂不是很难达成自己的意愿？"

但是楚灵王沉浸在得意之中，对伍举的劝告毫不在意。看到楚王的所作所为，子产悄悄对宋国的向戌说："我现在不再害怕楚国了，楚王骄傲自满，听不进忠臣的劝谏，楚国最多不过十年就会衰落。"

向戌也表示赞同："的确如此。十年的骄傲自满，必然使他恶名远扬，恶行一旦散播开来，就会反过来危害他。善行也是如此。而德行的美名传播开来，最终受益的是自己。"

灵王的命运会如何，子产了然，向戌也了然。那么伍举会知道吗？不过可以肯定的是灵王自己并不知道。

## 3. 违背天道之人诛杀违背人伦之人

到了秋天，灵王率领诸侯联军攻打吴国。当时，从齐国逃走的庆封居住在吴国的朱方（现江苏省镇江附近），根据《史记》记载，庆封在吴国获得了比在齐国更多的土地与财富。吴国虽然称不用他感恩图报，但依旧对他有所图谋。吴国若继续向北方进攻，齐国很可能会成为他们进攻的目标，这样一来，对齐国了如指掌的庆封必然大有用处。楚灵王占领朱方之后，逮捕了庆封，准备杀了他。伍举连忙劝阻说："听说只有没有任何弱点的人才会杀死别人。庆封只不过违反了君主的命令逃到此处，怎么会乖乖受死呢？反而会让诸侯认为这是我们的过错，杀了他有什么好处呢？"

但是楚灵王把自己想象成处死自己淫乱姐姐的齐桓公，他没有听从伍举的劝谏。他抓住庆封，在他背后插上斧头拖到诸侯面前展示，还派人大声说道："谁能想到呢，像齐国庆封这样的大夫竟然会杀死自己的君主，千万不能认为他们弱不禁风就轻易与他们结盟。"

虽然庆封是恶人，但灵王的举动更为卑鄙，恶人庆封开始咒骂同为恶人的灵王："谁能想到呢，像楚共王的庶子围这样的诸侯竟然会杀死自己哥哥的儿子（指楚国国君郏敖），夺取他的王位，所以千万不能轻易就和诸侯结盟啊。"

庆封的指责对于楚灵王可以说是莫大的羞辱，为了堵住庆封的嘴，他当场处死了庆封。紧接着他攻打赖国，使赖国灭亡，然而史书上并没有记载赖国为何遭此横祸。

听说这一消息的申无宇叹息道："君主为满足自己的欲望，毫无忌惮，然而百姓们能够承受得了吗？"

楚灵王诛杀庆封不符合常规事小，抓捕庆封，惹恼了吴国，却是更大的问题。没能够守护住逃亡者而威信扫地的吴国开始将仇恨的目光投向楚国。


## 4. 子产实行丘赋法

完成使臣任务回到郑国的子产，此时在做什么呢？他一回来就开始应对眼前的危机。子产为防备楚国，准备实行内政改革。

子产回到郑国，采取的措施正是丘赋法。所谓丘赋法，是指领主按丘征发军赋的制度。本书第三卷曾经谈到过，鲁国为对抗齐国和楚国的压制，实行了丘甲制。如果说施行丘甲制的主要目的是为了选拔兵力，筹备兵器，那么丘赋法的目的则主要是征收赋税。杜预依据《周礼》将十六个井聚集在一起划为一个丘。然而这一措施立马遭到反对。实际的土地所有主国人指责子产说："父亲死了，自己就成了毒瘤，对国家发号施令。在他手里，国家不知会变成什么样子？"

子宽把国人的不满告诉了子产，但子产的态度非常强硬。

他说："会有什么危害呢？只要对社稷有利，就算死又有何妨？而且我听说施善行的人如果坚持自己的道路，就会有所成就。百姓们的要求无法全部满足，正确的道路也决不能改变。《诗经》也教导我们，只要不违背礼节，何必在意他人的说法？所以我不会改变我的做法的。"

子产推行丘赋制度，无疑侵害了耕作者和贵族的利益。但子产很可能就是要针对贵族。在前面提到的公布的成文法当中就已经有所体现。在子产看来，如果不限制贵族的权力，强化公家的力量，那么国家就会没落崩溃。

## 5. 暴政加深与危机四伏

纵观春秋战国时期，凡是无能的君主都有一个特点，那就是没有明确的目标，只是一味发动战争。即使已经有了充分的物力、人力和理由，正常的做法是，发动战争之前，也要再三考虑胜算。有些战争，虽然从眼前来看有利可图，但从长远来看却是对己不利的。这样的战争就应该避免。鄢陵之战就是如此，虽然晋国取得了战争的胜利，但却导致国家内部发生了大动乱。楚灵王并没有一定要灭亡吴国，却只是想要让吴国屈服于他，满足他的私欲。但这场荒诞的战争却让百姓和士兵历经磨难，受尽苦楚。而地处南方的吴国却是越战越勇。

年关之前，为报朱方战役的失利之仇，吴国攻打了楚国东部的几个邑。因此楚国的地方官和大臣开始在现在的江苏省西部与安徽省一代建造城池，但是由于此处地质疏松，难以建城，最后只好不了了之。

第二年，楚灵王无端怀疑去年攻陷朱方的莫敖屈申与吴国有勾结，怀有二心，竟然将其处死了。当然也可能是在与吴国作战的过程中，楚国始终无法占据优势，为了安抚民心，不得不让屈申做了替罪羊。处死国家的栋梁之材，对灵王来说已是习以为常。这一年的冬天，灵王重新整组联军，并联合吴国后方的越国一起攻打吴国，却不料反遭吴国突袭，惨遭失败，虽然还可以继续作战，但已经无法扭转局势，不得不撤兵。

如果真的下定决心要灭掉吴国，就应该制订明确的作战计划，拿出充分合理的理由，再去攻打它。但楚灵王却陷入了攻打对方，被对方报复，进而再报复对方的恶性循环当中。要知道吴国可不是一个轻易能被打倒的对手。

当然，战胜宿敌吴国是楚国上上下下共同的凤愿。但是以灵王当前的力量，希望渺茫，明知没有胜算，却不收手，仍旧不断出动军队，使百姓们苦不堪言。之所以造成这种局面，不难想象，主要是灵王傲慢的性格在作祟。而他的祖父楚庄王，哪怕是以优势兵力攻打别国，也会再三考虑、反复斟酌。灵王率领诸侯前去攻打吴国之前，迎娶了晋国的公室女子为妻。当时，晋国的韩起与大夫叔向选拔了一批宫女送到楚国。在迎接使节之前，灵王召集各位大夫说了一番无厘头的话。

"晋国历来是我们的敌对国。只要能达到目的，还需要考虑什么吗？现在来的人可是上卿和上大夫。如果寡人能砍掉韩起的脚脖，让他做我的侍卫，摘了羊舌肸（叔向）的阳物，让他当我的内侍，不仅会让晋国觉得耻辱，也满足了寡人的心愿，你们觉得如何呢？”

芮启彊生气地回答道：“当然可以，只要准备充分，怎么会不行呢？哪怕只是一介匹夫，如果没有任何准备，也无法侮辱他，更何况是一个国家呢？韩起征收赋税的七个邑全都成了县，羊舌氏的四个家族个个势力强大。晋国的人一旦听说韩起和羊舌肸遭难，其他的五卿和八大夫势必会商议对策，为了给他们报仇雪恨，韩须和杨石（叔向之子）会发动十个家族九个县的九百辆战车，以及其余守护四十个县的四千辆战车朝着我们冲来，由伯华指挥，荀鸣和魏舒领军作战。这样的队伍，谁能够抵挡呢？如果君主把朋友变成敌人，用无理的行动招来敌人，却没有任何的准备，那么当所有军民都成了晋国的俘虏，君主还能觉得心满意足，当然可以做。”

听到这样直截了当的反驳，灵王不得不道歉。作为一位君主，灵王在国家大事上对自己的大臣们说了不成体统的话。

## 6. 伍举批判章华宫

楚灵王建造了章华宫作为别宫，另外，还在章华宫内建造了一个很大的楼阁，名为章华台。楼阁建好之后，灵王邀请鲁昭公前来参观。由于地势的原因，不论是做军事用还是做景观，楼阁这样的建筑在楚国都很难见到。但这个楼阁的规模却极为宏大。《国语》当中有一个片段描写了伍举对章华宫的批判，根据其内容可以知道，当时虽然邀请了很多诸侯，但他们都没有来，只有鲁昭公因为受到威胁不得不前来参观。以下是原文的一部分：

> 灵王为章华之台，与伍举升焉，曰："台美夫！"
> 对曰："……先君庄王为刨居之台，高不过望国氛，大不过容宴豆，木不妨守备，用不烦官府，民不废时务，官

不易朝常……先君以是除乱克敌，而无恶于诸侯……

"夫美也者，上下、内外、小大、远近皆无害焉，故曰美。若于目观则美，缩于财用则匮，是聚民利以自封而瘠民也，胡美之为？夫君国者，将民之与处；民实瘠矣，君安得肥……

"故先王之为台榭也，榭不过讲军实，台不过望氛祥。故榭度于大卒之居，台度于临观之高。其所不夺穑地，其为不匮财用，其事不烦官业，其日不废时务……夫为台榭，将以教民利也，不知其以匮之也。若君谓此台美而为之正，楚其殆矣！"

这段话的意思是说章华宫会动摇楚国的根基。但在章华宫的建造上，伍举就没有丝毫的责任吗？建造之前不加阻拦，建筑落成之后却对其大肆批判，这又有什么意义呢？楚灵王将伍举视为自己的左右手。当进谏忠言的伯州犁死的时候，伍举缄默不语，在天下局势当中站在灵王一边，巩固自己地位。他召集诸侯，下达命令，教灵王做霸主的一言一行。招募罪人、流浪汉和农民为灵王修建如此宏伟楼阁的人正是伍举。他根本制约不了灵王，就像日后他的孙子伍子胥也无法阻止吴王夫差的恶行一样，两人是如此惊人的相似。

如果是子产，想必在事前就能够成功阻止了。

第 14 章

# 两极并立格局的终结与子产的应对

本章主要讲述的是，在公元前 535 年前后，楚、晋两极并立格局逐渐瓦解的过程中，主人公子产所采取的对策。

　　根据现实主义理论，经过诸侯国的相互激战、角逐，最终形成的两极格局应该是相当稳固的。并且，这种格局也会得到其他诸侯国的支持，因为它们在两大强国的庇护下，可以休养生息，而且强国作为"警察国家"还要承担最多的防卫费用。春秋时代的楚、晋两极格局，也带有这种特性。公元前 526 年，晋国霸权基本瓦解，深受齐国压迫的鲁国叔孙婼感慨道："诸侯国之间没有头领，实在是一件祸事。齐国君主昏庸无道，发动军队进攻与之相距很远的国家，小国家聚集起来结下盟约，但是依然没有人能够与之对抗，这是诸侯国之间没有头领的缘故。"

　　叔孙婼是在怀念晋国称霸的时期。如果晋国还有能力，鲁国也许还能利用晋国支援的钱财抵挡住齐国的进攻，虽然要向晋国进献贡品，但是却能削减防卫的费用。

　　但实际上，春秋时代的两极并立格局并不是通过诸侯国的军事较量形成的，只不过是因为晋、楚两国比其他国家更早醒悟，通过相互较量在军事上日益强大，其他国家也完全有机会实现富国强兵。国都之间广阔的未开发地，装上灌溉设施就能变为良田沃土的山野，许多小民族开拓的溪谷之间的土地，引入耕牛和铁器就能变为农耕地的沙砾地，以及还没有编入户籍的国度之外的百姓，无论是哪个国家，如果能把这些资源吸收利用，一定会强大起来。春秋末期的新兴强国吴国和越国，以及后来的战国七雄就是这样做的。

这种不安定的两极并立格局，之所以能维持如此长的时间，是由于政治力量。政治有很多面孔，诸如名分、威胁、诡计等，而推动春秋时代社会发展，支配贵族上层社会观念的政治纲领是礼。礼这种观念体系在现实当中发挥作用，使两极格局得以延续，然而如今这样的时代快过去了。威胁与诡计使用的次数增多，最终越来越多的人会认为军事力量才是决定成败与否的关键。看清这种变化的人正是子产，他对外宣扬礼节，对内则不断推进富国强兵的改革。

楚、晋霸权的终结方式各有不同。晋国是因为国内的名门望族逐渐分崩离析，而楚国则是在一波三折的王权继承过程中，国内外的安定局面被打破，导致国力锐减，而吴国趁机攻入。虽然一方是日渐式微，一方是迅速失势，但这两个分别位于北方和南方的强国几乎是同时失去了霸主的地位。

# 1. 楚国霸权终结的征兆——陈国与蔡国的灭亡

人在苟延残喘之际，往往会奋力挣扎，眼看楚国大势已去，灵王的威势愈发强劲，公元前534年，他利用陈国的内乱灭掉了陈国。

陈哀公有三位夫人，第一位夫人诞下太子偃师，第二位与第三位夫人分别诞下留与胜。[①]三位夫人当中，第二位夫人最受陈哀公宠爱，因此哀公将二夫人的儿子留托付给自己的弟弟司徒招。但在陈哀公卧病期间，司徒招杀死了太子偃师，把留立为太子。陈哀公闻知此事，极为震怒，想要杀死司徒招。于是，司徒招发动兵变，囚禁了陈哀公，最终哀公自缢身亡，随后公子胜也发动政变。

作为宗主国的楚国听说陈国发生内乱，野心勃勃的楚灵王自然不会放过如此大好机会，他命令公子弃疾举兵征伐陈国。弃疾攻入

---

① 根据《史记·陈杞世家》记载，哀公的两位正妃都是郑国的公女，姐姐生下师，妹妹生下偃。因为《左传》和《史记》哪一个记载更为准确无法确定，所以依据时间更早的记录。但《史记》当中对事件的因果关系阐述得更为清楚，所以一部分叙述取自《史记》。

陈国，立死去太子偃师的儿子为君主，包围了国都，灭掉了陈国。从此陈国沦为楚国的一个县。

陈国也算是个富裕无虞的诸侯国，竟然就这样被楚国歼灭，怎能不令人心生感慨？但又有谁会来帮助实力微弱的小国呢？如今不会再有哪个诸侯国插手无利可图的事了，最终受害的只有被灭掉的国家。

其实，早在十年之前，前往陈国参加会盟的子产就曾经预言过陈国的灭亡。

子产说："陈国早晚会灭亡，不可以与它们结盟。陈国把所有心思都用在种植稻谷和加固城墙上，却不知道体恤百姓。君主抱病在身，公子奢侈无度，太子毫无威严，大夫骄奢自满，陈国的政治毫无章法，如此这般，在大国之中如何立足？不出十年，就会灭亡。"

在子产看来，小国要想生存，就要为百姓修城，把粮食堆积到百姓的谷仓里，削弱大家族的权势，不要分散百姓的力量。然而，这些陈国都没有做到。

《荀子·富国》中有这样的一段话，读后可知，子产与荀子的观点是一致的，想必荀子若能见到子产，也会从他那里有所领悟的。

> 观国之强弱贫富有征验：……下贫则上贫，下富则上富。故田野县鄙者，财之本也；垣窌仓廪者，财之末也；百姓时和、事业得叙者，货之源也；等赋府库者，货之流也。故明主必谨养其和，节其流，开其源，而时斟酌焉，潢然使天下必有余而上不忧不足。如是则上下俱富，交无所藏之，是知国计之极也。故禹十年水，汤七年旱，而天下无菜色者，十年之后，年谷复熟而陈积有余。是无它故焉，知本末源流之谓也。故田野荒而仓廪实，百姓虚而府库满，夫是之谓国蹶。伐其本，竭其源，而并之其末，然而主相不知恶也，则其倾覆灭亡可立而待也。以国持之而不足以容其身，夫

是之谓至贪，是愚主之极也。将以求富而丧其国，将以求利而危其身，古有万国，今有十数焉。是无它故焉，其所以失之一也。君人者亦可以觉矣。百里之国，足以独立矣。

楚灵王的恶行依然没有停止，他又将目光投向了蔡国。

蔡灵侯杀父继承王位，一直得不到百姓的认可。灵侯的父亲蔡景侯的所作所为也着实令人费解，他在位足足四十九年，到了后期，年事已高，为太子娶妻于楚，却与她产生了感情，太子般难以接受这样的屈辱，一怒之下杀死了父亲，继承了王位，这可以说是春秋时代最为不堪的王室乱伦事件。

而楚灵王把这件已经过去十多年的旧事重提，称如今的蔡国君主蔡灵侯是杀父继位的逆子，将其作为征伐蔡国的由头。

楚灵王驻扎在申，送了很多礼物想要引灵侯入瓮。蔡灵侯的亲信大臣察觉此事不对便劝阻灵侯说："楚王一向贪婪残暴，一心想要谋害蔡国，这次的礼物如此丰厚，言辞也尤为动听，很明显是个圈套，还是不去为好。"

但蔡灵侯不敢违背大国的要求，只能前去赴约，楚灵王大摆筵席将灵侯灌醉，抓捕了所有同行的人。随后，楚灵王处死了灵侯及其同行的七十余人，又派公子弃疾包围了蔡国。

这件事在各国之间产生了很大的波澜。晋国内部对此议论纷纷。

韩起问道："楚国攻占蔡国了吗？"

叔向回答道："会攻占的，因为蔡灵侯杀死了先王，失去了民心。但是楚王也无法统治蔡国很久。夏桀攻陷了有缗国，最终招致夏朝灭亡，商纣战胜了东夷最终也灭亡了。如今的楚国远不如当时的夏商强大，而且灵王的所作所为比桀王、纣王有过之而无不及，他能承受得了吗？"

韩起和叔向等人并不想过多插手，但是荀吴却主张介入此事，他是后来率领晋国军队与戎狄部落英勇作战的名将。

他说:"之前眼睁睁看着陈国灭亡,如今再对蔡国见死不救的话,就没有哪个国家会和我们亲近了,而且还会暴露我们晋国的无能。作为一众诸侯国的盟主,如果不帮助这些遭难的国家,那么我们这个盟主又有什么用呢?"

因此,晋国召集诸侯前去会合。莫非又要发动南北之间的战争?子产的想法与他们不同,子皮去参加会合之前,子产对他说:"没有必要去那么远的地方,蔡国是救不回来的。蔡国因为弱小而遭难,楚国恃强凌弱,在道德上理亏。上天抛弃了蔡国,是为了让楚国的罪孽更为深重,好惩罚它。蔡国是一定会灭亡的,并且,不出三年,楚王也会自取灭亡。"

正如子产所言,蔡国没能摆脱灭亡的命运,晋国也只是做出劝阻楚国的姿态,并没有真正出兵阻拦。楚、晋两大强国的休战以及对立格局的崩溃,对蔡国这样的小国家来说无疑是一场灾难。

楚灵王为霸占蔡国不择手段,他把蔡国的太子作为冈山的祭品。这是要让他们断子绝孙,永无翻身之日。对楚灵王这种惨绝人寰的做法,楚国的有志之士也极为愤怒。申无宇感叹道:"这实在是招致不吉的行为,供奉的时候,连牲畜都要轮换,不能随意作为祭品,更何况是把诸侯作为祭品呢,君王一定会后悔的。"

做出这样的恶行真的会平安无事吗?灵王在陈国与蔡国的国土上修建城池,派弃疾前去治理,申无宇也对此表示反对,他说:"国都之外的城池是叛乱的根据地,把近亲送到别处,就会让他产生异心。"

和伍举一样,申无宇也对残暴的君主忠心耿耿,但是他们的谏言都没有被灵王采纳。

## 2. 晋国霸权终结的征兆——丧礼诸事

晋国霸权终结的征兆也已经屡屡显现。就在楚国灭掉陈国、在南方作威作福之际，公元前 532 年，晋平公死了，以齐国为代表，许多北方诸侯国纷纷派使者前去吊唁。同样，郑国的使臣子皮准备了礼物，也打算前往晋国，但是子产却阻拦他说："问丧为什么要带礼物呢？如果要带礼物，那得需要马车百辆、人员千名啊，况且即使带了也可能没有机会进献给晋国。但如果送不出去，也带不回来，最终会被浪费掉，如此这般，几次下来，国家不就灭亡了吗？"

在子产看来，当时已无须再讨好晋国，因为晋国已经没有能力回馈诸侯国，所以按照礼法行事最为安全妥当。但子皮未听从子产的建议。果然，葬礼结束之后，叔向拒绝了各国使臣面谈的要求，叔向也知道，如今晋国已不能再接收诸侯国的礼物，收了礼物如果兑现不了承诺，只会削弱晋国的威信。

"寡君想要脱掉丧服再会见各位使臣，如今丧期还未结束，如果穿着丧服会见各位，岂不是在丧礼之后又要接收各位的吊唁了吗？这该如何是好？"

最终各国使臣都没能见到晋国君主，子皮也没能送上礼物，可是也无法带回郑国，只能扔在当地，对此子皮很是后悔，他感慨道："无论是法度还是礼仪，子产都了如指掌，而我却没能抑制住自己的私欲。"

子产和叔向虽然标榜礼节，却能依据现实做出适当的判断。各国诸侯想要向已经自顾不暇的晋国呈上礼物，让晋国帮助自己达到某些目的，但是如今的晋国已经没有余力干涉别国的内政了。子产已经认清晋国目前的处境，所以劝告子皮无须带礼物上路，这是因为子产知道，国家财政的一分一毫都要目标明确地用在刀刃上，而不能带着碰运气的心思胡乱挥霍。

晋平公死后，晋昭公继位。为庆祝昭公继位，许多诸侯来到晋国，其中就有齐景公，他是其中最尊贵的客人。诸侯们玩起了投壶游戏，昭公最先投，辅佐昭公的荀吴为君主祈愿道："酒水如淮河一般满溢，肥肉如水岛一般堆积，我们的君主如果投进去就会成为各位诸侯的头领。”

果然昭公的箭投入了壶里。

下一个轮到齐景公，颇为自负的齐景公在投壶之前也为自己说了一段祝词。他说：“酒水如渑水一般满溢，肥肉如山坡一般堆积，寡人如果投进去就和晋国的君主轮流做庄。”

然后，他也把箭投入了壶里。

从此之后，隐秘的隔阂慢慢加深，齐景公甚至直接问道：“以后晋国还会一直维持霸主的地位吗？”由此可见，他的野心已经开始显现。


## 3. 楚灵王之死与楚国霸权的丧失

如果用一个词评价楚灵王，那么就是外强中干。他虚荣、傲慢，为了显示自己的霸主地位，四处征战，耀武扬威，却始终没有大的战绩，反而招致了很多人的怨恨，这些人想要颠覆灵王政权的决心非常坚定，只要抓住机会，就会向他发动攻击。就在楚国灭掉陈国和蔡国，将其并为楚国的县之后，如申无宇所担心的一样，在新合并的地方发生了叛乱。

楚灵王就像是吞下狮子、肚皮胀裂而亡的蟒蛇一般，结局极为悲惨。然而，在这种叛乱四起、君主被杀的乱局之中，有几个人因为高尚、忠诚的人格格外引人瞩目。平日里溜须拍马之流早已见风使舵，换了阵营，而进谏忠言的人却自始至终忠于自己的君主。

被楚灵王无辜处死的受害者的亲属都在伺机而动。受冤而死的大司马芳掩的家族，灵王合并过程中深受其害的许国和蔡国的一部分家族，被楚灵王剥夺了采邑的楚国大夫，以及受到楚灵王侮辱的越国大夫常寿过等人，都将仇视的目光投向了楚灵王。

观从①原本是楚国人，因为父亲犯罪被处死而来到蔡国，辅佐蔡国的朝吴。朝吴决心复国，观从为其谋划准备起事，此时恰逢楚王的主力军队在乾溪与吴军对峙，国都没有军队把守。

观从谎称奉楚国公子，即如今为蔡公的弃疾之令，带走了子晳和子干，他们二人也都是因为楚灵王杀死了先王郏敖而逃到别国的。子晳和子干一到，观从就故意攻打蔡国的官府。为了引蔡公弃疾出来，他们还放出假消息称：蔡公要护送两位公子回到楚国，蔡公也要率领军队回楚。

蔡公弃疾受到观从一行的突然袭击，不得不撤离府邸，在避难途中听到这样的传闻，处境更为难堪。这时，有人抓住了观从，观从泰然处之，他说："袭击官府的盗贼都已经逃走了，杀死我又有何用呢？"

朝吴也游说众人道："诸位如果想要死，那么就请等到蔡公和公子战胜楚王归来的那天吧，但是如果想要安定，那么就和蔡公与公子一起争取胜利吧，而且，违背了蔡公的命令，你们又能去哪儿呢？"

朝吴的话得到了众人的响应。

"我们要与蔡公一起奋战。"

这时，他们将正在避难的蔡公弃疾带来，立他为首领，与两位公子一起率领蔡国民众进攻楚国。他们给蔡国人开出的条件是恢复蔡国的国家主权。由此，本来就有了异心的弃疾就这样半推半就地

① 《史记·楚世家》记载，观从的父亲观起是蔡国的大夫，被灵王处死。观从逃往吴国，为了复仇，他与越国大夫常寿过合议，率领吴国和越国的军队进攻蔡国，企图策反蔡公弃疾。但在《左传》当中却详细介绍了观从的父亲观起。观起深受令尹子南的宠信，率领战车数十辆，而以他的身份，这是不合规矩的，所以被楚灵王处死。观从是楚国人，并且举事成功后，弃疾（楚平王）问他想要什么官职，观从回答说"我的先代是卜官的副官"。所以说他们家世世代代都在楚国为官，但他也的确侍奉过蔡国的朝吴。吴国与蔡国相距甚远，考虑到集结在乾溪的吴军很难去攻打蔡国等细节，可以知道《史记》中的记载有误。

当上了叛乱军的首领。虽然开始的时候过于仓促，但好在命运站在他这一边，驻守新合并的陈国与蔡国土地的将士都是他的部下，就这样，加上两位公子、葴氏，以及蔡国与陈国的民众，他们拧成了一股力量。

最重要的是，弃疾本身所具备的军事才能。陈、蔡两国的将士一到达楚国的郊外，就到处宣扬说攻打楚国。要领导这样一支地域、出身、目的各不相同的队伍绝非易事，一不小心，整支队伍就会成为一盘散沙。经验丰富的弃疾深知这一点，他在军队驻扎的地方给队伍简单做上标识，就带领军队迅速攻进了楚国都城。

楚国人一开始就无心抵抗，备受楚灵王折磨的百姓早就盼望楚灵王命丧黄泉，弃疾几乎不费一兵一箭就进入城内，杀死了太子，攻占了都城，然后立子干为王，子皙为令尹，自己为司马，同时派观从去告诉正在与吴军对峙的将领说："早撤回的人官复原职，晚回来的人处以割鼻之刑。"

灵王本可从乾溪撤军回来，主力部队还在他的手上，但是，军队很快就一溃千里了。对他们来说，将领抛弃指挥官各自逃跑是最大的耻辱。而这时又传来了灵王儿子被杀死的消息，听闻儿子被杀，灵王从战车上下来，无比悲痛。

"其他人也和寡人一样爱惜自己的孩子吗？"

侍卫回答说："还有更为爱惜的，如果小人（一般老百姓）老了没有了孩子，那就跟跌入沟渠死了没有什么两样。"

灵王悔悟道："寡人杀死了那么多别人的孩子，落到今天这样的下场也是罪有应得。"

右尹子革劝灵王说："请君主暂时先驻扎在郊外，看看国内百姓都是如何抉择的。"

楚灵王说："百姓们恨寡人，不会回头的。"

子革又说："那我们就去别的大的都邑，然后向诸侯们借兵，收复失地。"

楚灵王道："他们都背叛了寡人。"

子革又说道："可以逃到诸侯那里，听从大国为君主谋划。"

楚灵王回答道："福气不会再来，只是自取其辱罢了。"

见楚灵王已经心灰意冷，子革也无计可施，他也离开灵王回到了楚国。《史记》当中还附加了一段如同传说一般的故事。

子革离去后，楚灵王独自一人在山中徘徊，但是山野中人不敢轻易接近灵王，担心会惹怒他。在路上楚灵王偶然遇到了曾在宫中做清洁工作的奴仆，他对这个人请求道："请你给寡人找些吃的来吧，寡人已经三天没有吃东西了。"

那个人却回答说："新的君王已经下令，胆敢包庇灵王或是顺从他的人将会被诛杀三族，况且现在这里也找不到吃的东西。"

筋疲力尽的楚灵王枕着清洁工的腿睡着了，清洁工用土块代替自己的腿，悄悄逃走了。灵王醒来，发现清洁工已经逃走了，这时他已饿得头昏眼花，站都站不起来了。

而另一边，芋尹申无宇的儿子申亥在内乱发生之后，决心铤而走险追随楚灵王。他对申无宇说："我和父亲曾经两次违背灵王的命令，灵王都没有处死我们，还有比这个更大的恩惠吗？所以我绝不会背叛灵王，绝不会忘记这份恩情的，我要追随灵王。"

父子俩不谋而合。申无宇生性耿直，虽然经常违背楚灵王的命令，但是楚灵王却像善待伍举一样善待他。有一次，申无宇为了抓捕犯人闯进了章华宫，楚灵王也没有怪罪他。楚灵王虽然残暴无度，却也有自己的气节。当时，申无宇刚进去就被守卫抓住了，押到灵王面前等待处分。楚灵王正准备喝酒，申无宇大胆地反驳道："刚刚王宫的守卫问我怎么能到王宫抓人，那么应该在哪里抓捕犯人呢？周文王制定的法令当中说'有亡，荒阅'，由此得到天下。我们的先君文王制定惩罚窝藏犯人的法令说'隐藏盗贼或是其赃物，和盗贼同罪'，因此疆土一直扩大到汝水。如果按照文王制定的法令，那么君主也是盗贼。"

楚灵王回答说："逮捕你的犯人，然后走吧，有一个犯人（灵王自己）受到上天的恩宠，你是抓不走的。"就这样灵王赦免了申无宇。

正是这份恩情让申无宇的儿子申亥将已经晕倒的楚灵王带回了自己的家，但楚灵王最终还是自杀了。虽然他野心勃勃，极为残暴，却有英雄一般的气节。他虽然有不同于凡人的果敢与能力，却没有一颗善心，最终招致了悲惨的结局。申亥让他的两个女儿给楚灵王陪葬。作为一个王，死的时候没有盛大的葬礼，的确令人遗憾，但是这样的恶人在死的时候，却要两位名门闺秀为他陪葬，更是令人感到痛惜。在古代，这种为了表现对男性的忠诚而被迫牺牲的女子很多。更可惜的是，在史书当中，她们连名字都没能留下。

此后，楚国朝堂主要由公子弃疾把持。一直在外流亡的子皙与子干，在国内没有任何根基，并且他们的资质欠佳。而弃疾却是个有野心的人，再加上国内的百姓也盼望弃疾继承王位，早日使楚国恢复安定。最终，弃疾求见两位公子，骗他们说："灵王已经回到楚国，百姓正在赶来的路上，他们要杀死王和司马，如果早点死了，也就不会受辱了。"

不知是他们太过天真，还是已经明白了眼前的现实，两位公子没做抵抗安然受死。这两位公子都是政治斗争的牺牲品。此事由观从而起，弃疾则是用更为强势的手段做了了结，最终弃疾继承王位，他就是历史上的楚平王。

灵王一死，楚国的霸权时代就结束了。灵王在位时间虽短，但是楚国在他手里已是千疮百孔，平王必须让国家尽快安定下来，因此他对外采取友好亲和的策略，对内竭力抚慰百姓。然而为了追求霸权，灵王统治下的国家已是遍布疮痍。

此后，楚国告别了曾经的辉煌，留守东部，光景惨淡。灵王一再挑衅吴国，却毫无战果，最终自己也命丧黄泉。很久之后，有一个人率领着吴国的军队进入楚国，称自己是忠臣伍举的孙子，如果灵王九泉之下知道这件事，想必会大为震惊吧。

## 4. 大转换期子产的策略——以国家利益为名

### 协商的原则

楚国在短时间内，甚至是相当长的一段时间内，都没有能力夺回霸主地位了。晋国也有了缓冲的时间，所以，晋国准备再次召集诸侯订立盟约，但齐国拒绝了。

叔向拉拢周王朝一起对付齐国，周虽然是名义上的遗留的宗主国，但也只是在这种势均力敌的情势下，一个可以加分的砝码而已。叔向去拜访辅佐天子的刘献公，问道："齐国拒绝签订盟约，该如何是好呢？"

之前，刘定公（刘献公之父）想利用赵武打击周国。周国想要维持由会盟订立的格局，在晋国的庇护下继续苟延残喘。既然看出了狐狸的心思，那么刘献公自然知道该如何回答。

刘献公说："只要君主有信义，诸侯不会有二心的，有什么可担心的呢？作为天子的老臣，我向天子请兵，率战车十辆在前方待命，何时出征只等君主的一声号令。"

就这样，叔向利用外交、胁迫、军队等各种手段向齐国施压，齐国最终败下阵来同意参加会盟。在这一次会盟中，子产又一次崭露头角。

公元前 529 年，各国诸侯在平谷举行会盟。

子产最先找到位置，在会盟召开之前就支好了帐篷。和子产一起来的还有子太叔，尽管子产催促他赶紧找好位置，但子太叔却执意等到会盟开始。但是等到会盟那天，已经没有可以支帐篷的地方了。子产办事总是能先人一步。

那天，子产就进贡物品的数量与晋国进行争论。

"过去，天子是根据地位来分配要进贡物品的数量的，地位越高，进贡的物品也就越多，这是周朝时期的制度。地位低但贡赋重的，是位于甸服（有三种含义：古制称离王城五百里的区域；指王畿外方五百里至千里之间的地区；泛指京城附近的地方）的小国。郑国是男服，让我们按照公侯的贡赋标准进贡，恐怕不能足数供应，谨敢以此作为请求。

"诸侯之间应当休息甲兵，友好相处。使者催问贡税的命令，没有一个月不来的。贡赋没有合理的标准，小国往往因无法满足要求而获罪。如今诸侯重修旧盟，是为了使小国能得以生存。如果贡赋没有标准，小国就只能坐等灭亡。今天就应该制定这一关系小国存亡的制度。"

子产说完，一个年老的官吏对此予以反驳。协商从白天一直进行到晚上，再这样下去，结盟必然不能达成。但是子产坚信，除了强国，中等国家和小的诸侯国都站在他这一边。最终，疲于应对的晋国代表答应了子产的要求，结盟才得以成功。

事后，子太叔责备子产说："诸侯如果借这件事讨伐我们该怎么办呢？"

子产却胸有成竹地说："晋国的政局如今被很多个家族把持，没有统一的体系，互相之间意见也不一致，他们哪有闲工夫讨伐我们，况且现在他们国力日渐衰微，哪儿还有能力讨伐别的国家呢？"

只要对方有弱点，协商成功的可能性就会高。站在晋国的角度，齐国拒绝参加结盟，晋国就拉拢周国，这是要为自己争取同盟，郑国如果也能站在晋国这一边，更是锦上添花，这样一来，郑国就有了协商的筹码。协商当中，越是有耐性的一方，成功的可能性越大，而使命感越强的一方越有耐性。子产拿出关系国家存亡的势头对待这次协商，意志尤为坚定，而晋国处于下风，需要平衡各个同盟国之间的关系，以求顺利结盟，所以在极端的情况下，就会做出让步。

孔子称赞子产说："子产通过这次会盟为郑国打下了坚实的根基。《诗经》有云'乐之君子，邦家之基'，子产是争取和平安乐的君子啊。"

孔子还说："在诸侯聚集的场所，制定进贡物品的分配标准是符合礼制的行为。"

作为小国子民，都渴望能有一名像子产一样的谈判家，但遗憾的是，国家越小，这样的谈判家越难出现。

会盟结束，在归国的途中，子产听到了子皮过世的消息，他奏曲感慨道："我如今也要完了，我尽心行善，却再没有值得辅佐的人了，只有他才会赏识重用我。"

对子产的一切举措都给予大力支持的子皮先走一步，此时，子产也预感到自己气数将尽了。

## 小国不容轻视的原因

公元前526年，韩起接替赵武掌控晋国的政局，他出访了郑国。大国的执政前来访问，为不失礼节，郑国上下自然忙得不可开交。韩起带来了本是一对玉环的其中一只，另一只在郑国商人的手上，韩起向郑定公提出想要另外一只的请求。然而，子产却没有给他，子产回答说："这只玉环并不在国库当中，寡君并不知道。"

子太叔和子羽对子产只因为区区一个玉环就触怒大国执政的行为感到忧虑。他们说："韩起也没有提出什么过分的要求，晋国可不是我们能够对抗的国家，不要对韩起太过刻薄，如果有小人在中间挑拨离间，而鬼神又帮助他们，那么一旦发生险恶的事情，后悔又有什么用呢？您可不要因为不舍得一只玉环而给国家招致祸患啊，请为他求来那只玉环吧。"

子产却答道："我并不是要怠慢晋国怀有二心，而是想要长久地侍奉晋国，不给他玉环正是出于我对晋国忠心的缘故。侨听闻君子不怕没有财物，而是担心没有传播四方的美名。侨还听说治理国家的君主怕的不是不能侍奉大国，扶养小国，而是没有按照礼制来安定他的地位。大国命令小国，如果一切要求都得到满足，那么以后要如何才能不断满足大国的要求呢？一次满足，一次不满足，那么罪过岂不是更大？大国的要求，如果不用礼制去拒绝，那么会有尽头吗？我们如果成为大国的边邑，那就失去了作为一个诸侯国的地位了。韩子奉命出使却求取玉环，那么他的贪婪就太过分了，这难道不是罪过吗？献出一只玉环却招致两种罪恶：其一我们失去了诸侯国的地位，其二使韩起陷入贪欲。既然如此，为什么要做这样的事情呢？"

但韩起很想要另一只玉环，私下和商人达成了约定。商人对韩起说："请一定要禀告大夫。"因此，韩起请求子产说："上次我拜托您为我求一只玉环，被您拒绝，我就没有再跟您提这件事。这次，我决定从那位商人手里买下它，但是商人要求我一定要先问问您的意见，所以我斗胆来请求您的许可。"

也许是见有大国的官吏亲自来交易，商人不敢与他讨价，但是又不忍心以便宜的价格卖出这只玉环，所以把希望寄托在子产身上。

子产回答说："从前我们先君桓公来到这里，开拓贫瘠的土地，我们和商人世世代代都有盟誓，互相信赖。誓词说，'请你不要背叛我，我也不会强买你的东西，不乞求，也不掠夺。你有赚钱的买卖和宝贵的货物，我也不加过问。'正是对这个盟誓的守护才让我们能互相扶持走到今天。现在您带着友好的情谊光临敝国，却要强行买走商人的东西，这是违背我们一贯的誓约的，这难道不是强人所难吗？如果得到玉环却失去了诸侯国，那您一定是不会愿意的。如果大国要求我们进贡物品，却没有合理的尺度，那么尽管敝国只是区区小国，我们也不会答应的。偌如果献上玉环，真不知道会有什么事情发生，谨私下向您传达我的意见。"

韩起听后，回答说："我虽然不聪明，但岂敢因求取玉环而招致两项罪名？我会把玉环退回去的。"

子产对此事的态度令韩起深受触动。作为小国的执政完全能够将玉环要来送给他，但连以便宜的价格从商人那里买来的请求都被拒绝了。对方的正直无私让他无法再提这件事。小国的政治家要比大国的政治家更为清廉，才能与大国堂堂正正地交往，所以小国政治家的处事方式要更为细致谨慎。

还有一件事能够看出子产对待大国的态度，他的判断标准是国家利益。

公元前 525 年，郑国都城发生火灾，因为城市的房屋全是木头造的，所以不可能不被损毁，但这次的火势来得比以往更为猛烈。

子产将兵器分发给士兵，让他们登上城墙，守卫城池。这一举动可能会刺激到盟邦晋国。子太叔对此忧虑道："这样的戒备万一引起晋国的误会，来讨伐我们怎么办？"

子产回答说："我听说小的国家如果疏于防卫，就会陷入危险，何况遇到这样的灾情，怎么能不防备呢？小国之所以不被轻视，就是因为有防备。"

果然，晋国国境的官吏前来责备郑国说："贵国发生火灾，敝国的君主、大夫日夜难居，占卜占筮、奔走四处，不敢爱惜牲畜和玉帛。然而执事却给将士们分发武器让他们登上城墙，这是要拿谁来治罪？处于边境上的人都非常担忧害怕。"

子产回答说："天降灾情，贵国和我们都忧心忡忡。但如果投机取巧之徒趁这个时候打敝国的主意，引诱贪婪小人做出危害国家的事情，那岂不是更加重了贵国君主的忧虑。敝国虽然也与其他国家相毗邻，但如果遭难，能够投奔的也只有贵国了，我们又怎么会对贵国怀有二心呢？"

事实上，子产畏惧晋国，郑国夹在晋、楚两国之间不得安宁的日子也不过是二十几年前的事。眼前的和平只是暂时的。就在一年前，晋国还用诡计灭掉了陆浑的戎族。尽管子产坚持对大国的态度要合乎礼仪，但他并不是一个敢拿国家存亡来冒险的人。


## 不得干涉内政

就算上天赐予的寿命只剩一年光景，子产这位老政治家，还是要为小国指明前进的路。

郑国的大家族驷氏一族的嫡孙驷偃的正夫人是晋国大夫的女儿，她生下了儿子丝，但是驷偃留下幼子，年纪轻轻就撒手人寰。在驷氏家族的元老们看来，如果把幼子丝作为家族的继承人，将来可能会引起纷争，甚至会受到其他家门的掠夺，所以他们商议要让驷偃的弟弟驷乞做继承人。

但问题是丝的外家是晋国的大夫，年幼的丝将这件事告诉了身为晋国大夫的外公。作为大国的大夫，听说自己的外孙失去了继承人的位置，自然心有不满。公元前523年的冬天，晋国大夫派人带着礼物到驷氏家里去，问他们："为什么不立嫡子为继承人呢？"

晋国的大家族能够调动军队，倘若他们在晋国君主面前有意诋毁，那么对驷氏一族是极为不利的。驷氏家族的人吓得战战兢兢，驷乞甚至准备逃跑。为此，郑国大夫们聚在一起商量该如何解释这件事。还没等他们得出结论，子产就直接对晋国大夫派来的使者说："敝国一向得不到上天恩宠，寡君的几个臣下不幸夭折病死。如今我们的先大夫偃也早逝了。他的儿子年幼，他的几位父兄害怕断绝宗主，和族人商量立了年长的亲子。寡君和他的几位大夫说：'上天确实扰乱了家门的继承，寡人又能怎么办呢？'俗话说，'不要经过动乱人家的门口'，百姓看到动武作乱的地方，尚且害怕经过那里，更何况是那些上天所降的祸乱呢，为什么要知道它呢？现在大夫来询问为什么不把嫡子立为继承人的原因，寡君确实不知道，又有谁能确切知道其缘由呢？平丘的会盟，贵国君主提到过去的盟约时说道，'不要丧失自己的本职'，对于敝国大夫订立继承人的问题，倘若贵国的大夫能够随意干涉，那么这是贵国把我们当作自己的县邑了，我们怎么还能称自己是一个国家呢？"

然后，他便辞谢了晋国大夫的财礼，送走了使者。那位晋国大夫再也没有过问过这件事。

结 局

子产离世及后人对他的评价

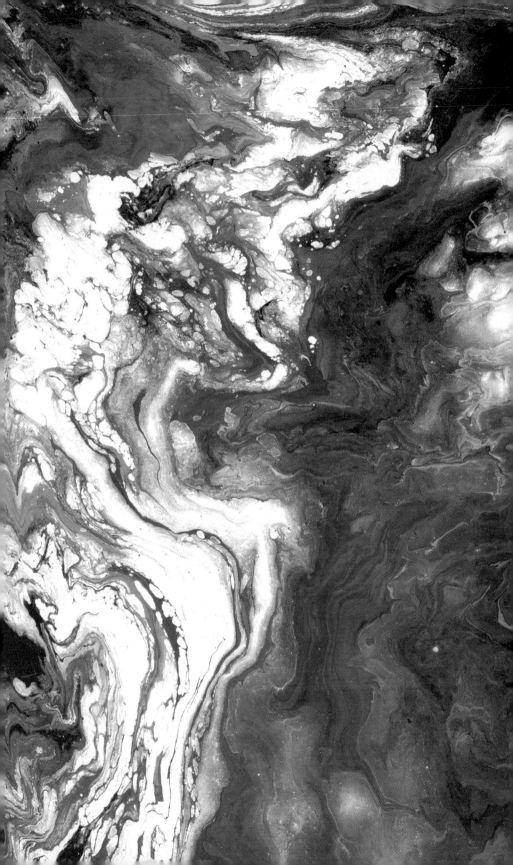

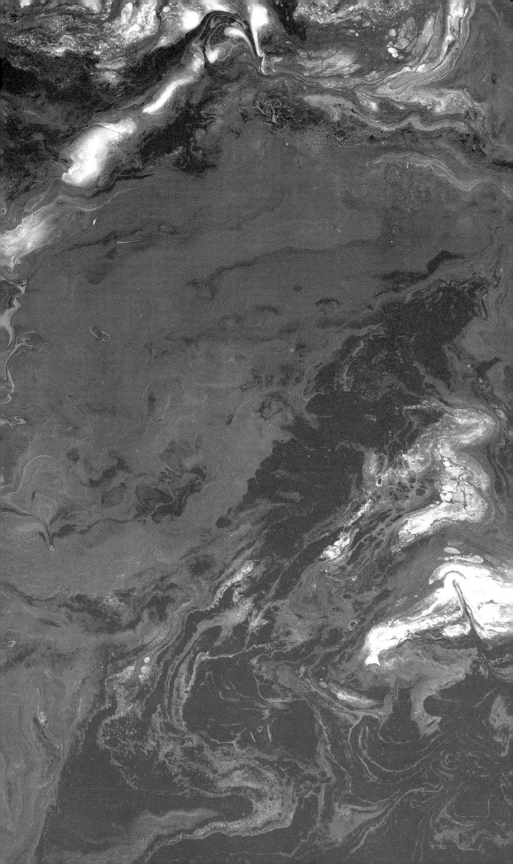

## 1. 大政治家之死

公元前 522 年，出身于弱国贵族的旷世政治家子产因病卧床不起。这时，子太叔（游吉）来探望卧床的子产。子产非常爱护这位年轻人，并恳切地嘱咐道："我死，子必为政。唯有德者能以宽服民，其次莫如猛。夫火烈，民望而畏之，故鲜死焉。水懦弱，民狎而玩之，则多死焉，故宽难。"

几个月后，子产便离开了人世。听闻这一消息的郑国上下都为之痛哭流涕，好似失去了自己的父亲一般。

子产去世后，子太叔虽继其位执掌权柄，但未能依照子产的遗言推行严厉的措施。郑国的盗贼非常猖狂，还发生了夺取人命的事情。郑国甚至发生了动员兵力扫荡盗贼的事情。子太叔怀念着子产，心中十分感慨。

孔子听闻这个故事后，赞叹道："善哉！政宽则民慢，慢则纠之以猛；猛则民残，残则施之以宽。宽以济猛，猛以济宽，政是以和。"

他听闻子产离世的消息，流着眼泪道："古之遗爱也。"

《韩非子》记述了这么一段故事，笔者认为肯定是对《左传》记述的故事进行了一定加工。这里如此记载了子产对子太叔的遗言：

> 我离开人世之后，国家的政治必定由你来掌管。你必须要以严厉的法律治理国家。正如火因严酷猛烈的形象让人惧怕，而很少有人被火灼伤，可是，水因表面柔弱平缓，而溺亡者较多。因此，必须以严厉的法律治理国家，否则柔弱的治国方略会让更多人受害。

从子产的遗言中，孔子读出了和谐，韩非子读出了严厉。其实，子产强调的是宽容。可见，不是具有厚德之人，是很难以宽容治理国家的。子产与韩非子是完全不同的人，同时他们所处的时代背景也是非常不同的。

《说苑》中记载"子产担任宰相的十八年里，仅处死了两个人"。这反映了严厉的法律反倒会减少百姓的死亡。

《人物志》中，评价子产为兼具仁德、严厉、政治手腕的人，这正是八面玲珑的子产的特征。从子产的所作所为中可知，在小国推行德治是非常困难的。子产如果出生于晋国或齐国，可能会超越管仲或狐偃。他不仅是一个博学多闻的理论家，也是一个能直面现实的行动家。

## 2. 行动家真正的仁爱之心

### 子产与晏婴 —— 行动家与批评家的差异

为了考察主人公子产的真面目，有必要与另一位主人公晏婴进行比较。即便司马迁极为欣赏晏婴，但荀子认为晏婴不如子产。《荀子·大略》里曾借用孔子之言这样比较晏婴和子产：

子谓子家驹续然大夫，不如晏子；晏子，功用之臣也，
不如子产；子产，惠人也，不如管仲。


荀子为何做出如此评价？

从自然人的角度评价，晏婴可以说是一个更有人情味儿的人，
而且一语道破要害的能力也更强。举几个有关他的故事如下：

晏婴虽是齐国重臣，但却居住在喧闹又脏乱的市场附近。齐景
公实在看不下去了，要为他选择更高的地方建造房屋，但都被他谢
绝了。

"臣因住在市场附近，早晚购买所需物品而感到十分方便和
有益。"

齐景公笑着问道："那你住在市场附近，真的晓得市场的物价？
何贵何贱？"

晏婴毫不犹豫地回答道："岂有不知之理，按双卖的普通鞋子比
较便宜，踊（受过刖刑，只有一条腿的人穿的特制鞋子）就比较贵。"

通常君主听到这句话一定会立即感到羞愧，受刖刑的人多到什
么程度，才会造成踊的价格上涨？他的谏言既尖锐地讽刺着君主，
又怀着对百姓的仁爱之心。

再举一个事例。子产离世的那一年，齐景公患上了皮肤病。齐
景公周围阿谀奉承的几位大臣提出，这是因为那些祭拜神灵的祝官
不够虔诚，建议处死这些人以慰藉神灵。不管什么时候，总有利用
他人的牺牲来换取自身荣华富贵的人。

对此，晏婴这样说道："遇到放纵无德的君主，祝官就会奉承神
灵。他们不敢向神灵如实汇报君主的罪过，但也不能将罪过谎报成
功绩。因此，无奈之余只能汇报些无关痛痒之事，试图奉承神灵蒙
混过关。那么，神灵必然不会接受这种祭祀。"

实际上，他说的是"正是因为君主的过错，祝官疲于讨好神灵，

但终因神灵通晓一切，才不接受国家的祭祀"之意。听到晏婴的这番话，估计那些主张以处死祝官试图阿谀奉承的人或欲听从这些谄媚之言的君主都会毛骨悚然。

提议要处死祝官的人中有一个叫梁丘据的。齐景公外出打猎回来的途中，梁丘据急匆匆地赶来迎接。齐景公甚是满意地感慨道："唯有梁丘与寡人和呀！"

晏子立即对齐景公说："梁丘据只是与君主'同'，绝非'和'。"

齐景公反问道："那么'同'与'和'到底有何区别呢？"

"如果将'和'比喻为菜肴的话，加入醋、酱油、盐补充菜肴不足的味道，控制过分的味道。那么，这样的菜肴就会让人心情平静，这才称得上是'和'。其实，君臣关系也正是如此。通过谏言让君主意识到自己的过错，而且鼓励君主做出成绩，防止君主做错事才可称为'和'。仅仅是投君主之喜好，一味附和那只是'同'。如同用水调节水，能调出什么味道吗？"

再昏庸的君主听到这番比喻，也定会感到当头一棒。晏婴的游说能力远胜于子产。

《晏子春秋》作为史料的价值虽然不高，却对了解晏婴的寸铁杀人还是非常有益的，在中国文学史上都是被引用多次的文章。这里暂且选取一两句晏婴的名言：

> 景公问于晏子曰："忠臣之事君也，何若？"
>
> 晏子对曰："有难不死，出亡不送。"
>
> 公不说，曰："君裂地而封之，疏爵而贵之，君有难不死，出亡不送，可谓忠乎？"
>
> 对曰："言而见用，终身无难，臣奚死焉；谋而见从，终身不出，臣奚送焉。若言不用，有难而死之，是妄死也；谋而不从，出亡而送之，是诈伪也。故忠臣也者，能纳善于君，不能与君陷于难。"

所谓忠臣并不是与君主共没落，而是与君主共享长久的福乐。还有这么一段佳话如下：

> 叔向问晏子曰："世乱不遵道，上辟不用义；正行则民遗，曲行则道废。正行而遗民乎？与持民而遗道乎？此二者之于行，何如？"
>
> 晏子对曰："婴闻之，卑而不失尊，曲而不失正者，以民为本也。苟持民矣，安有遗道！苟遗民矣，安有正行焉！"

晏婴将正直和道义的目标置于百姓的最终福祉上。若真正考虑百姓的福祉，并不应该只是迎合因困苦生活而变得凶暴的百姓，作为政治家应该顶着骂名实践其中的道理。晏婴认为，并不以自身恪守本分来激发民智，反而迎合百姓利己之心的政治家是最低级的。既然有爱民之心，就应更加正直刚毅。可以说，晏婴非常清楚为政之道的核心。根据《史记·管晏列传》《晏子春秋》的记载，晏婴住在闹市旁的小屋里，与百姓共处，每天吃着粗茶淡饭度日。他与楚国的孙叔敖一样是一位非常节俭之人。

即便如此，他仍无法成为子产。实际上，他未能改变君主的观念，其理由也非常明显。作为自然人，他可以对所有人怀有仁爱之心，但作为政治家，他拥有憎恶恶者、赞扬善者的义务；还需要分清楚青红皂白，考虑站到哪一方。如果每逢发生暴乱就保持中立，就无法用原则引导人们。

邪恶之徒庆封想要攻打齐国公室的子雅和子尾时，晏婴并未加入其中。但他也没有向外界泄露庆封邀请自己参与其中之事。

他曾这样说："鄙人晏婴并不具备那么大实力，同时，也无法进献任何智谋。但是可以保证决不向外界泄露，对此我可以发誓。"

实际上，晏婴未能做到明辨是非。

子产作为政治家，采取了比晏婴更为明确的立场和行动。子晳赶走伯有时，子产并没有投靠获胜的一方，甚至还替伯有部下收尸后再逃亡。他明确地表示决不与子晳做出同样的事情。另外，当伯有的反击失败时，他也没有站在子晳一方，最后替愚蠢的伯有收尸的人也正是子产。最终令暴虐的子晳自行了断，也可看出其事必归正的意志。

晏婴和子产都是光明正大之人，但晏婴未能阻止本国君主的冒险行为，也未能阻止君主的虐政。相反，子产将弱如羔羊的郑国改头换面，变成一只刺猬，在其执政期间，任何一个国家都无法随意慢待郑国。当晏婴说"今后齐国的政权会被秦国夺去"这句话时，已经暗含了放弃自尊求存的意思。可是，当子产说"不管怎样，也要坚守我的小国"时，全然没有放弃理想、灰心失望的意思。这两位虽然都具备高超的口才，然而子产更善于付诸行动。子产略胜晏婴一筹的，正是他并不只是一位理论家，同时还是一位行动家。

### 子产与子罕——懂得真诚待人的人

除晏婴以外，春秋末期也有很多能与子产齐肩的名臣。从两极体制瓦解的旋涡中解脱出来的鲁国叔孙豹、宋国向戌、晋国叔向、楚国伍举等人，都是不能不算在其中的国家栋梁。但这些人最终都无法与子产相比，原因在于，都缺乏如子产一般的道德与政治、理论与行动上的和谐一致，且无法使其起到相辅相成的作用。

不过，在真诚待人方面，可与子产相提并论的正是宋国的司城子罕。子罕在政坛活跃的时期，宋国也逐渐克服了乱弱状况，开始扮演着天下仲裁者的角色。当时，宋国有左司向戌、司城子罕活跃于政坛。在休战会盟时期，笔者曾记述了向戌的作用，在这里介绍一则可体现子罕性格的故事。

宋人或得玉，献诸子罕，子罕弗受。献玉者曰："以示玉人，玉人以为宝也，故敢献之。"

子罕曰："我以不贪为宝，尔以玉为宝，若以与我，皆丧宝也，不若人有其宝。"

稽首而告曰："小人怀璧，不可以越乡，纳此以请死也。"

子罕置诸其里，使玉人为之攻之，富而后使复其所。

《左传》中所记载的这则故事表明，子罕是一位表里一致的君子。还有一则体现子罕真诚的故事如下：

宋国太宰为了给平公建造高台，妨碍了百姓们的秋收。子罕请求待农事结束后，再动员百姓，但太宰并未采纳这一意见。于是，被动员参加劳役的百姓唱了这样的歌曲："泽门之皙，实兴我役。邑中之黔，实慰我心。"

或许太宰的面容灰白，子罕的面容黝黑。这支歌曲也传到了子罕耳中，子罕亲自操起棍棒，来到建造高台的劳役现场，督促棒打偷懒之人。

"吾侪小人皆有阖庐以辟燥湿寒暑。今君为一台而不速成，何以为役？"

这样一来，原本唱歌的人都停止了。有人问子罕为什么这样做，他回答道："宋国区区而有诅有祝，祸之本也。"

子罕可以说是一个无私之人，而且还是一个始终如一的人。

子产不同于子罕，偶尔会使用一些权宜之计。子产最初执政时，因有一件国事需要伯石（公孙丹）去办，便送给他一座城邑。为差遣派人完成一件国事，而送一座城邑的做法并不合适。子太叔感到非常意外，便问子产，他们之间进行了如下对话：

"国，皆其国也。奚独赂焉？"

"无欲实难。皆得其欲，以从其事，而要其成，非我有成，其在人乎？何爱于邑？邑将焉往？"

"若四国何？"

"非相违也，而相从也，四国何尤焉？《郑书》有之曰：'安定国家，必大焉先。'姑先安大，以待其所归。"

子产采用了权宜之计。从某一方面说，也可以称之为变通之法，相当于为拉拢大贵族而行贿。实际上，子产的所作所为中，有很多会引起误解的权宜之计。即便如此，子产却未曾被认为是以权谋私。正是因为他为别人做事时也是那么的真诚。有一则故事如下：

子皮想要让自己喜欢的尹何来治理封邑。子产深表怀疑地说："少，未知可否。"

子皮答曰："愿，吾爱之，不吾叛也。使夫往而学焉，夫亦愈知治矣。"

子产反对，曰："不可。人之爱人，求利之也。今吾子（子产从排行上虽比子皮高，但因子皮是宗亲之后，必须对他用敬语）爱人则以政。犹未能操刀而使割也，其伤实多。子之爱人，伤之而已，其谁敢求爱于子？子于郑国，栋也。栋折榱崩，侨将厌焉，敢不尽言？子有美锦，不使人学制焉。大官大邑，身之所庇也，而使学者制焉。其为美锦，不亦多乎？侨闻学而后入政，未闻以政学者也。"

子产认为，所谓爱对方就是要让对方获得好的结果。这是子产心目中的真诚待人之道。大部分真诚待人之人，表面上看起来非常严厉，但都不愿伤及他人，只会牺牲自己。因此，尽管他非常严厉，但人们都愿意聚集在他身旁。在《左传》记载的清路事件中，子产表现出的公正，又进一步证明了他真诚待人的一面。

郑简公去世后，人夫们要为安葬队列清除道路上的障碍。新开的路线经过游氏的祖庙，人夫准备拆毁它。子太叔（游吉）惋惜家门祖庙被拆，想出了一个计策。他向清道的人嘱咐道：

"子产过路，而问何故不毁，乃曰：'不忍庙也！诺，将毁矣！'"

果然子产来监督，问人夫，他们按照子太叔嘱咐的回答，这样一番以后，子产认真思考后，重新下达新的开路命令。

"避开游氏的祖庙开路。"

这次开路时，则遇到司墓的房屋。司墓是管理坟墓的人，应该不是重要的官职。拆了它，就可以在早晨下葬；不拆，就要到中午才能下葬。

对此子太叔说："无若诸侯之宾何！"

子产回答道："诸侯之宾，能来会吾丧，岂惮日中？无损于宾，而民不害，何故不为？"

如此说罢，最终到中午才下葬。

《左传》借用君子之言，做出如此评价："子产于是乎知礼。礼，无毁人以自成也。"礼的本质并不在于形式，而在于不给他人造成损害。那么，子产对自己又采用何种标准呢？

郑国发生大火灾后，子产为了驱邪免灾，整顿国内纪纲，并防范外敌入侵，举行了盛大的阅兵式。因阅兵道路狭窄，需要拆除建筑，清除场地。道路的两侧，北面是子产的寝室，南面是子太叔的祠堂。子太叔再三叮嘱人夫称："子产过路而命速除，乃毁于而乡。"子产上朝途经此处，大怒于事情尚无进展。听罢，人夫立即开始拆除南面的祠堂。子产考察现场后，再次命令人夫停止拆除祠堂，说："毁于北方。"

子产不想给任何人增添损失，必要的时候宁愿牺牲自己。因此，人们都评价子产是一个真诚待人之人。子产是一个内外合一，即表里一致之人，因而就是真诚之人。子产尽管偶尔采用权宜之计，但其内心依旧是非常真诚的。作为执政者，他不得不处理很多事情，这可能就是子产的宿命吧！

## 3. 理论家正是科学家

子产的所作所为没有即兴之作，从一开始都是计算好的。因为他是一位理论家。所谓理论，是由实践概括出来的科学而系统的结论。比子产年长的人虽然很多，但没有人比子产对政事了然于心。子产是怎么成为理论家的呢？那是因为子产是一位科学家。除非是运用政治手段，否则，他是绝不相信任何迷信的。因为他的观念几乎接近于唯物论者。

郑国发生大火灾时，曾出现过一些征兆。据传彗星侵入，占据了古代掌管火的大火星的位置。爱讲闲话的人们提议要备好祭器，驱赶鬼神。可是，这一提议遭到了子产的拒绝。此后，果真发生了大火灾，难道这只是偶然事件？

此后，人们遇到大风，就会害怕再次发生大火灾。大火灾发生后的次年，大火星开始在黄昏时分出现，风刮得特别大。宋国、卫国、陈国、郑国都相继发生了火灾。此后，一个叫作裨灶的人说，必须采纳他的建议，包裹宝物并驱赶鬼神，才能防止发生火灾。"不用吾言，郑又将火。"

郑国人听闻此说开始动摇，欲举行驱赶鬼神的祭祀。但这次仍旧遭到子产的反对。

对此，子太叔请求："宝，以保民也。若有火，国几亡。可以救亡，子何爱焉？"

子产回答说："天道远，人道迩，非所及也，何以知之？灶焉知天道？是亦多言矣，岂不或信？"子产最终没有进行祭祀。后来也没有再发生火灾。

子产去世前一年，郑国城门外莲池里发生了"龙斗"，可能是巨大的水蛇相互混战。郑国人非常害怕，请求进行驱赶鬼神的祭祀，子产一句话拒绝了这一请求。

"我斗，龙不我觌也。龙斗，我独何觌焉？禳之，则彼其室也。

吾无求于龙，龙亦无求于我。"大意为：我们争斗，龙不干预；龙之斗，我们为何偏要去干预呢？那莲池本来就是龙居住的地方，岂能使它们离开呢？我们对龙没有任何要求，龙对我们也没有任何要求。

子产大抵是这样的人，可能子产认为龙只不过是一个生活在湿地的巨蟒而已。即便真的存在龙这一动物，那又与人类有何相干？子产正是这样反问的。

但进入统一帝国后，中国的史书中无一不记载有关龙的故事。龙出现在水井中，象征皇帝的善政；龙斗则成为弗吉之兆。还记载着在某些地方有人看到飞龙升天等内容，这些都盛产于地方官员的报告之中。若子产看到此类报告，想必会嗤之以鼻。龙就是龙，人就是人，人们总是利用龙来满足自身永无止境的贪欲。

孔子如果看到韩非子，想必会说他是刻薄、卑鄙之人。韩非子则认为，孔子的后裔们都是迂腐、伪善之人。但是，这两个人都非常仰慕子产。所谓伟大理论最终要归结为科学，科学难道不正是要接受考验吗？

孔子认为子产真诚，韩非子认为子产知晓处事之要害。炽热的心和冷静的头脑，难道不就是形容这样的人吗？在小国从政者，一定要记住这个人——子产。

# 日渐增高的坟墓和日渐变低的坟墓

2009 年 9 月，天气尤为闷热。整个 9 月，笔者都在找寻山西、河南、山东等地的古代坟墓和遗迹。有些遗迹非常雄伟，有些微不足道。"雄伟的遗迹对后代来说是非常好的营生手段。"笔者甚至产生了经历了数千年的风霜雨雪终于实现了其价值的不敬的想法。尽管如此，笔者独爱那些并不雄伟，甚至微不足道的遗迹，因为那些遗迹才能让人感受到温暖和平静。而雄伟的遗迹和观赏者之间一直存在着坚硬的、冷冰冰的玻璃壁。由生前的地位和死后给后人留下了一个营生而引发的现象，多少让人感到忧伤。然而，若从死者的立场来看，却未必是这样。

## 1. 秦始皇陵——日渐变低的坟墓

　　西安临潼有着举世闻名的旅游景区——兵马俑坑和秦始皇陵。即使是熟悉摩天大楼的现代人在看到那些拿着青铜枪活灵活现的兵佣整齐地排列在一起的壮观景象时，也不禁会感叹："啊！真大呀！"为了挖这么大的坑，到底动员了多少人？为了制作这些土佣，又动员了多少工匠？

　　从兵马俑坑往前走，即是秦始皇的坟墓。秦始皇陵其实是一座石榴树环绕着的山。作为一个人的坟墓，可谓是一座过于庞大的土堆了。根据过去的记录，其高度原来有五十丈，但因非法挖掘等原因，已降至今天的高度。尽管其高度下降了，但仍是一座不折不扣的山。登上数百个阶梯，才能抵达坟墓的顶端。那么，秦始皇的权力到底有多大呢？法老的地位介于神与人之间，才留下了那么巨大的坟墓，那么，没有神圣光环笼罩的人，怎么才能留下这么庞大的坟墓呢？

　　人们对古代遗迹进行了种种现代式解释，在中国国内获得较高人气的作家岳南，在其《复活军团——秦始皇陵兵马俑发现记》一书中对兵马俑这样描述道：

> 实际上，你们都是中华民族最普通的子孙。你们的血液里流淌着与祖先以及后代相同的血液，心中怀揣着与父母、兄弟、子女分享温情的愿望，憧憬着平凡生活。脱去厚重的盔甲，就不再是军人，可以成为普通人，可是，在历史和民族需要通过战争创造和平的瞬间，你们毅然决然奔赴了战场。秦国虽然灭亡了，但其基石仍健在；秦始皇虽然死了，但兵马俑仍健在！

秦国统一六国，造就了中国这个大国。后代对建立统一帝国的领导者给予较高赞誉，也是理所应当之事。

遗憾的是，撰写这些文字的人都是自称为人文学者的人。普通人虽然对兵马俑赞叹不止，但人文学者是不是至少要反思一下，为什么孔子会批评道："始作俑者，其无后乎？"

这些土俑的原型——秦国将士们——也都是有父母兄弟，并深爱妻儿的普通人。他们绝不是义无反顾地奔赴战场的。了解秦国连坐制的人，就更应谨慎地对秦朝进行评价。在当时，只要同伍之中一人脱离队伍，其余四人都会被连坐处死。在战争中取得胜利，将会获得爵位。唯有参战获胜才能得到封赏，逃避战争将失去一切，这正是秦国的法律。因此，盔甲绝不是轻易可以脱掉的装饰品。这不仅是防止一箭穿心并保护自身安全的护具，也是国家给每个人戴上的锁链。

坑道旁有建造陵墓之人的坟墓，他们肯定不会有守护之人，因而都堆成了一堆。秦始皇驾崩之后，能够威胁到秦二世皇位的人都死了。实际上，皇陵周围掩埋着所有受刑的皇族的遗骸。可以说死者杀了很多活着的人。兵马俑似乎在嘲笑着："人的骨头都不如烧过

秦始皇陵

的泥土这般持久地存留于世。"

其实，在制作了这些填埋地下的土俑之后不久，秦国就灭亡了。土俑并不具备任何人文价值。从这些土俑身上，我们能够感受到直到死前仍然正直的匠人的气息，同时还能了解到当时的社会现实。

现在这个陵墓多次遭到盗掘。墨子曰："因为陪葬品的存在，损坏了陵墓。"这是非常准确的评价。实际上，死者的灵魂如果尚存的话，一定会感到非常厌烦的。死后不久就遭到多拨盗墓贼的光顾，直到现今，每天都被数千人践踏，如果死者有知，可能早已经怒不可遏了。

陵墓的主人确实是一个具有强大地位的人，但现今的人文学家对他过分称赞了。死后仍享荣华富贵的是小人，那么，因运气爆棚而出生于秦朝的残酷暴君，也并不值得我们去高歌颂赞。

## 2. 晏子之墓——日渐增高的坟墓

出租车司机好似一个故乡里哺育孩子的善良的乡村大妈，是那么亲切。

"请带我去晏子墓吧！"

"燕子墓？"

"啊，春秋时代的名人晏子啊？"

"……"

"您知道晏婴吧？协助齐景公……他是临淄的名人。"

笔者一边说着，一边将齐文化研究中心出版的书籍掏出来给大妈看了一下。

"啊，晏子墓呀，知道的。"

然后，她端起书研究了半天。我们乘坐着颠簸的出租车，开始了找寻晏子墓之旅。临淄地处蜿蜒的丘陵地带，一路上无任何指示牌，无法区分哪里是哪里。热心的司机大妈未放弃找寻，一路向人打听下来，偶尔会碰上一个一知半解的人。

"晏子墓？走一公里后，再向右转，顺着农田走一段吧！"

向右转后，农田太多了，在导航也无法识别的地方，这个一公里该如何判断呢？走走问问，终于问到了知情的人。

"你看到那个了吗？"

在农田的中间好像有一个破败不堪的坟墓。书里介绍说晏子墓是临淄八景之一，但是外观上看，真的太不显眼了。可是，知情的大叔非常肯定地说："小时候，我在晏子墓玩耍过，就是那里。"

那应该就是晏子墓了。路真的十分狭窄，我们想徒步走过去，大妈执意要向我介绍故乡的名胜古迹，将车开上了狭窄的田间小路。前面遇到的大叔的话是没错的，的确是晏子墓。可是，通往晏子墓的路上，铺满了农民种的玉米。我们非常小心翼翼地走了进去，终于发现了立在墓前的大理石碑，刻着"齐相晏平仲之墓"。

**晏子墓的大理石碑石** 碑上刻着"齐相晏平仲之墓"。

在中国，玉米可以加工成玉米面，做各种食品。最近在山东栽种玉米非常流行。因为玉米的产量要高于小麦、大麦。玉米和晏子好像特别搭，《晏子春秋》里就讲述过各种吃食的故事。

齐国面临洪涝灾害，房屋倒塌，百姓饥饿难耐，晏子请求君主开仓放粮。可是，景公未听取其谏言。晏婴愤怒地批判道："宫中饲养的狗都能吃饱，却要饿死宫外的百姓吗？"然后就辞官回家了。当景公亲自来到晏婴家，登门表达悔意之时，晏婴已经将家里所有粮食和生活用品分发给百姓了。9月的太阳仍旧炙烤着大地，玉米非常容易晒干。笔者向晏子墓行了简单的礼。

虽然无法仔细了解其详细内容，但似乎这里并非是真正葬晏子的地方。为了此次考察，我一直手持着齐国文化研究中心出版的《齐文化新论》一书，这里有涉及晏子墓真伪的内容。这本书的作者朱光浩认为这个地方是晏子之墓，他对考古学家认为这并非是真正的晏子墓的说法提出了异议。考古学家认为此处非晏子之墓的原因是：挖掘坟墓的过程中，发现了汉代的瓦砾，坟墓是由各种不同的土质构成的。各种土质构成的杂土说明了这个坟墓多次被挖掘及填埋。尽管如此，笔者仍认为这里是晏子之墓，原因在于，这个位置与《史记》和《括地志》标注的位置一致。那么，坟墓里为什么会掺杂着杂土呢？笔者的观点如下："原来的晏子墓非常小，随着后世人们不断填埋，堆成了现在的规模。不断被雨水冲洗和多次堆砌，最终不可避免地掺杂着各种杂土。"

对于笔者来讲，确实很难判断晏子墓的真伪，不知晏子是否长眠在这片土地之下。其实，晏子是否真的埋身此地并不那么重要，重要的是那些"杂土"。这个坟墓被冲洗后，就会有人不断向上堆砌泥土。汉代的那些人，唐代的那些人，清代的那些人肯定都为这个墓堆砌过泥土。晏子墓是一个随着时间不断增高、增大的坟墓。实际上，晏子可能并未埋于其下。这时，笔者突然想起了孔子对晏子的评价：

晏平仲善与人交，久而敬之。

这会儿，晏子可能正享受着这种福泽呢！尽管他离世有两千五百年之久，后代仍对其饱含敬仰之情。这是不是超越时代的文化呢？

《左传》记载了晏子关于死亡的一种看法。景公曾在酒后兴致勃勃地言之："自古以来，如果人无一死，那该多好呀！"

对此，晏子这样回答道："自古以来，如果没有死亡，那么这种快乐应该都属于从前之人。爽鸠氏第一个占据这块土地，此后由太公继承。自古以来，如果没有死亡，那么快乐应该属于爽鸠氏，绝不属于当今君主。"

晏婴所言绝非无知之言，而是非常实际的。其实，死亡并不是坏事儿。经历着各种艰难岁月，他的坟墓一直在变高，其理由可能也在于此。尽管晏子墓的大小是秦始皇坟墓的千分之一，但笔者却在其墓前偷偷笑了起来。晏婴真是善于交友啊，两千五百年之后的今天，还有笔者这么一个来自遥远的不同国度的客人前来拜访他。

# 主要国家诸侯在位年表

| 年份 | 东周 | 鲁 | 齐 | 晋 | 秦 | 楚 | 郑 | 燕 | 吴 | 越 |
|---|---|---|---|---|---|---|---|---|---|---|
| 前 770 | | 孝公 | | | | | | | | |
| 前 769 | | | | | 襄公 | | | 顷侯 | | |
| 前 768 | | | | | | 若敖 | | | | |
| 前 767 | | | | | | | | | | |
| 前 766 | | | | | | | | 哀侯 | | |
| 前 765 | | | | | | | | | | |
| 前 764 | | | | | | | | | | |
| 前 763 | | | | | | | | | | |
| 前 762 | | | | | | | | | | |
| 前 761 | | | | | | 霄敖 | | | | |
| 前 760 | | | | | | | | | | |
| 前 759 | | | | 文侯 | | | | | | |
| 前 758 | | | | | | | | | | |
| 前 757 | | | | | | | 武公 | | | |
| 前 756 | 平王 | | 庄公 | | | | | | | |
| 前 755 | | | | | | | | | | |
| 前 754 | | 惠公 | | | | | | | | |
| 前 753 | | | | | 文公 | | | 郑侯 | | |
| 前 752 | | | | | | | | | | |
| 前 751 | | | | | | | | | | |
| 前 750 | | | | | | | | | | |
| 前 749 | | | | | | 蚡冒 | | | | |
| 前 748 | | | | | | | | | | |
| 前 747 | | | | | | | | | | |
| 前 746 | | | | | | | | | | |
| 前 745 | | | | | | | | | | |
| 前 744 | | | | | | | | | | |
| 前 743 | | | | 昭侯 | | | | | | |
| 前 742 | | | | | | | 庄公 | | | |
| 前 741 | | | | | | | | | | |

259

| 年份 | 东周 | 鲁 | 齐 | 晋 | 秦 | 楚 | 郑 | 燕 | 吴 | 越 |
|---|---|---|---|---|---|---|---|---|---|---|
| 前 740 | | | | 昭侯 | | | | | | |
| 前 739 | | | | | | | | | | |
| 前 738 | | | | | | | | | | |
| 前 737 | | | | | | | | | | |
| 前 736 | | | 庄公 | | | | | 郑侯 | | |
| 前 735 | | | | | | | | | | |
| 前 734 | | | | | | | | | | |
| 前 733 | | 惠公 | | | | | | | | |
| 前 732 | | | | 孝侯 | | | | | | |
| 前 731 | | | | | | | | | | |
| 前 730 | 平王 | | | | 文公 | | | | | |
| 前 729 | | | | | | | | | | |
| 前 728 | | | | | | | | | | |
| 前 727 | | | | | | | | | | |
| 前 726 | | | | | | | | | | |
| 前 725 | | | | | | | | | | |
| 前 724 | | | | | | | | | | |
| 前 723 | | | | | | | | | | |
| 前 722 | | | | 鄂侯 | | | | | | |
| 前 721 | | | | | | | 庄公 | 穆侯 | | |
| 前 720 | | 隐公 | | | | | | | | |
| 前 719 | | | | | | 武王 | | | | |
| 前 718 | | | | | | | | | | |
| 前 717 | | | | | | | | | | |
| 前 716 | | | 釐公 | | | | | | | |
| 前 715 | | | | 哀侯 | | | | | | |
| 前 714 | | | | | | | | | | |
| 前 713 | | | | | | | | | | |
| 前 712 | | | | | | | | | | |
| 前 711 | | | | | 宁公 | | | | | |
| 前 710 | | | | | | | | | | |
| 前 709 | | | | 小子 | | | | | | |
| 前 708 | 恒王 | | | | | | | | | |
| 前 707 | | | | | | | | | | |
| 前 706 | | | | | | | | 宣侯 | | |
| 前 705 | | 桓公 | | | | | | | | |
| 前 704 | | | | | | | | | | |
| 前 703 | | | | 潜 | | | | | | |
| 前 702 | | | | | 出公 | | | | | |
| 前 701 | | | | | | | | | | |
| 前 700 | | | | | | 厉公 | | | | |
| 前 699 | | | | | | | | | | |
| 前 698 | | | | | | | | | | |
| 前 697 | | | 襄公 | 武公 | | | | 桓公 | | |

260

| 年份 | 东周 | 鲁 | 齐 | 晋 | 秦 | 楚 | 郑 | 燕 | 吴 | 越 |
|---|---|---|---|---|---|---|---|---|---|---|
| 前696 |  |  |  |  |  |  | 昭公 |  |  |  |
| 前695 |  | 桓公 |  |  |  |  |  |  |  |  |
| 前694 |  |  |  |  |  |  | 子亹 | 桓公 |  |  |
| 前693 |  |  |  |  |  | 武王 |  |  |  |  |
| 前692 |  |  |  |  |  |  |  |  |  |  |
| 前691 |  |  | 襄公 |  |  |  |  |  |  |  |
| 前690 |  |  |  | 潘 |  |  |  |  |  |  |
| 前689 | 庄王 |  |  |  |  |  |  |  |  |  |
| 前688 |  |  |  |  |  |  |  |  |  |  |
| 前687 |  |  |  |  | 武公 |  | 子婴 |  |  |  |
| 前686 |  |  |  |  |  |  |  |  |  |  |
| 前685 |  |  |  |  |  |  |  |  |  |  |
| 前684 |  |  |  |  |  |  |  |  |  |  |
| 前683 |  |  |  |  |  | 文王 |  |  |  |  |
| 前682 |  |  |  |  |  |  |  |  |  |  |
| 前681 |  |  |  | 晋侯 |  |  |  |  |  |  |
| 前680 |  |  |  |  |  |  |  |  |  |  |
| 前679 | 釐王 |  |  |  |  |  |  |  |  |  |
| 前678 |  |  |  | 武公[1] |  |  |  |  |  |  |
| 前677 |  | 庄公 |  |  | 德公 |  |  |  |  |  |
| 前676 |  |  |  |  |  |  | 厉公 |  |  |  |
| 前675 |  |  |  |  |  |  |  |  |  |  |
| 前674 |  |  |  |  |  | 堵敖囏 |  | 庄公 |  |  |
| 前673 |  |  |  |  |  |  |  |  |  |  |
| 前672 |  |  |  |  |  |  |  |  |  |  |
| 前671 |  |  |  |  |  |  |  |  |  |  |
| 前670 |  |  |  |  |  |  |  |  |  |  |
| 前669 |  |  | 桓公 |  | 宣公 |  |  |  |  |  |
| 前668 |  |  |  |  |  |  |  |  |  |  |
| 前667 |  |  |  |  |  |  |  |  |  |  |
| 前666 |  |  |  |  |  |  |  |  |  |  |
| 前665 | 惠王 |  |  | 献公 |  |  |  |  |  |  |
| 前664 |  |  |  |  |  |  |  |  |  |  |
| 前663 |  |  |  |  |  |  | 文公 |  |  |  |
| 前662 |  |  |  |  | 成公 | 成王 |  |  |  |  |
| 前661 |  | 湣公 |  |  |  |  |  |  |  |  |
| 前660 |  |  |  |  |  |  |  |  |  |  |
| 前659 |  |  |  |  |  |  |  |  |  |  |
| 前658 |  |  |  |  |  |  |  |  |  |  |
| 前657 |  |  |  |  |  |  |  |  |  |  |
| 前656 |  | 釐公 |  |  | 穆公 |  |  |  |  |  |
| 前655 |  |  |  |  |  |  |  | 襄公 |  |  |
| 前654 |  |  |  |  |  |  |  |  |  |  |
| 前653 |  |  |  |  |  |  |  |  |  |  |

[1] 周天子承认晋武公。

| 年份 | 东周 | 鲁 | 齐 | 晋 | 秦 | 楚 | 郑 | 燕 | 吴 | 越 |
|---|---|---|---|---|---|---|---|---|---|---|
| 前 652 | 惠王 | | | | | | | | | |
| 前 651 | | | | 献公 | | | | | | |
| 前 650 | | | | | | | | | | |
| 前 649 | | | | | | | | | | |
| 前 648 | | | | | | | | | | |
| 前 647 | | | 桓公 | | | | | | | |
| 前 646 | | | | | | | | | | |
| 前 645 | | | | | | | | | | |
| 前 644 | | | | 惠公 | | | | | | |
| 前 643 | | | | | | | | | | |
| 前 642 | | | | | | | | | | |
| 前 641 | | 釐公 | | | | | | | | |
| 前 640 | | | | | | | 文公 | | | |
| 前 639 | | | 孝公 | | | 成王 | | | | |
| 前 638 | | | | | | | | | | |
| 前 637 | | | | | | | | | | |
| 前 636 | | | | | 穆公 | | | | | |
| 前 635 | 襄王 | | | | | | | 襄公 | | |
| 前 634 | | | | | | | | | | |
| 前 633 | | | | | | | | | | |
| 前 632 | | | | 文公 | | | | | | |
| 前 631 | | | | | | | | | | |
| 前 630 | | | | | | | | | | |
| 前 629 | | | | | | | | | | |
| 前 628 | | | | | | | | | | |
| 前 627 | | | | | | | | | | |
| 前 626 | | | | | | | | | | |
| 前 625 | | | | 襄公 | | | | | | |
| 前 624 | | | 昭公 | | | | | | | |
| 前 623 | | | | | | | | | | |
| 前 622 | | 文公 | | | | | | | | |
| 前 621 | | | | | | | | | | |
| 前 620 | | | | | | 穆王 | 穆公 | | | |
| 前 619 | | | | | | | | | | |
| 前 618 | 顷王 | | | | | | | | | |
| 前 617 | | | | 灵公 | 康公 | | | | | |
| 前 616 | | | | | | | | | | |
| 前 615 | | | | | | | | | | |
| 前 614 | | | | | | | | 桓公 | | |
| 前 613 | | | | | | | | | | |
| 前 612 | 匡王 | | 懿公 | | | 庄王 | | | | |
| 前 611 | | | | | | | | | | |
| 前 610 | | | | | | | | | | |
| 前 609 | | | | | | | | | | |

| 年份 | 东周 | 鲁 | 齐 | 晋 | 秦 | 楚 | 郑 | 燕 | 吴 | 越 |
|---|---|---|---|---|---|---|---|---|---|---|
| 前608 |  |  |  | 灵公 |  |  |  |  |  |  |
| 前607 | 匡王 |  |  |  |  |  | 穆公 |  |  |  |
| 前606 |  |  |  |  | 共公 |  |  |  |  |  |
| 前605 |  |  |  |  |  |  | 灵公 | 桓公 |  |  |
| 前604 |  |  | 惠公 |  |  |  |  |  |  |  |
| 前603 |  |  |  | 成公 |  |  |  |  |  |  |
| 前602 |  |  |  |  |  |  |  |  |  |  |
| 前601 |  | 宣公 |  |  |  |  |  |  |  |  |
| 前600 |  |  |  |  |  | 庄王 |  |  |  |  |
| 前599 |  |  |  |  |  |  |  |  |  |  |
| 前598 |  |  |  |  |  |  |  |  |  |  |
| 前597 |  |  |  |  |  |  |  |  |  |  |
| 前596 | 定王 |  |  |  |  |  | 襄公 |  |  |  |
| 前595 |  |  |  |  |  |  |  |  |  |  |
| 前594 |  |  |  |  |  |  |  | 宣公 |  |  |
| 前593 |  |  |  |  |  |  |  |  |  |  |
| 前592 |  |  |  |  |  |  |  |  |  |  |
| 前591 |  |  |  |  |  |  |  |  |  |  |
| 前590 |  |  | 顷公 | 景公 | 桓公 |  |  |  |  |  |
| 前589 |  |  |  |  |  |  |  |  |  |  |
| 前588 |  |  |  |  |  |  |  |  |  |  |
| 前587 |  |  |  |  |  |  |  |  |  |  |
| 前586 |  |  |  |  |  |  | 悼公 |  |  |  |
| 前585 |  |  |  |  |  |  |  |  |  |  |
| 前584 |  |  |  |  |  |  |  |  |  |  |
| 前583 |  |  |  |  |  |  |  |  |  |  |
| 前582 |  | 成公 |  |  |  |  |  |  |  |  |
| 前581 |  |  |  |  |  |  |  |  |  |  |
| 前580 |  |  |  |  |  |  |  | 昭公 |  |  |
| 前579 | 简王 |  |  |  |  |  |  |  |  |  |
| 前578 |  |  |  |  |  | 共王 | 成公 |  |  |  |
| 前577 |  |  |  |  |  |  |  |  |  |  |
| 前576 |  |  |  | 厉公 |  |  |  |  |  |  |
| 前575 |  |  |  |  |  |  |  |  | 寿梦 |  |
| 前574 |  |  |  |  |  |  |  |  |  |  |
| 前573 |  |  | 灵公 |  |  |  |  |  |  |  |
| 前572 |  |  |  |  |  |  |  |  |  |  |
| 前571 |  |  |  |  | 景公 |  |  |  |  |  |
| 前570 |  |  |  |  |  |  |  | 武公 |  |  |
| 前569 |  | 襄公 |  | 悼公 |  |  |  |  |  |  |
| 前568 | 灵王 |  |  |  |  |  | 釐公 |  |  |  |
| 前567 |  |  |  |  |  |  |  |  |  |  |
| 前566 |  |  |  |  |  |  |  |  |  |  |
| 前565 |  |  |  |  |  |  | 简公 |  |  |  |

| 年份 | 东周 | 鲁 | 齐 | 晋 | 秦 | 楚 | 郑 | 燕 | 吴 | 越 |
|---|---|---|---|---|---|---|---|---|---|---|
| 前564 | | | | | | | | | | |
| 前563 | | | | | | | | | | |
| 前562 | | | | | | 共王 | | | 寿梦 | |
| 前561 | | | | 悼公 | | | | | | |
| 前560 | | | | | | | | | | |
| 前559 | | | 灵公 | | | | | 武公 | | |
| 前558 | | | | | | | | | | |
| 前557 | | | | | | | | | | |
| 前556 | | | | | | | | | | |
| 前555 | 灵王 | | | | | | | | | |
| 前554 | | | | | | | | | 诸樊 | |
| 前553 | | 襄公 | | | | | | | | |
| 前552 | | | | | | 康王 | | | | |
| 前551 | | | 庄公 | | | | | 文公 | | |
| 前550 | | | | | 景公 | | | | | |
| 前549 | | | | | | | | | | |
| 前548 | | | | 平公 | | | 简公 | | | |
| 前547 | | | 景公 | | | | | 懿公 | | |
| 前546 | | | | | | | | | | |
| 前545 | | | | | | | | | | |
| 前544 | | | | | | | | | | |
| 前543 | | | | | | 郏敖 | | | | |
| 前542 | 景王 | | | | | | | | | |
| 前541 | | | | | | | | 惠公 | | |
| 前540 | | | | | | | | | 馀祭 | |
| 前539 | | | | | | | | | | |
| 前538 | | | | | | | | | | |
| 前537 | | | | | | | | | | |
| 前536 | | | | | | 灵王 | | | | |
| 前535 | | | | | | | | | | |
| 前534 | | | | | | | | 悼公 | | |
| 前533 | | 昭公 | | | | | | | | |
| 前532 | | | | | | | | | | |
| 前531 | | | | 昭公 | 哀公 | | | | | |
| 前530 | | | | | | | 定公 | | 馀眛 | |
| 前529 | | | | | | | | 共公 | | |
| 前528 | | | | | | 平王 | | | 僚 | |
| 前527 | | | | | | | | | | |
| 前526 | | | | 顷公 | | | | | | |
| 前525 | | | | | | | | 平公 | | |
| 前524 | | | | | | | | | | |
| 前523 | | | | | | | | | | |
| 前522 | | | | | | | | | | |
| 前521 | | | | | | | | | | |

| 年份 | 东周 | 鲁 | 齐 | 晋 | 秦 | 楚 | 郑 | 燕 | 吴 | 越 |
|---|---|---|---|---|---|---|---|---|---|---|
| 前 520 | 景王 |  |  |  |  |  |  |  |  |  |
| 前 519 |  |  |  |  |  |  |  |  |  |  |
| 前 518 |  |  |  |  |  | 平王 |  |  | 僚 |  |
| 前 517 |  |  |  |  |  |  | 定公 |  |  |  |
| 前 516 |  |  | 昭公 |  | 顷公 |  |  |  |  |  |
| 前 515 |  |  |  |  |  |  |  |  |  |  |
| 前 514 |  |  |  |  |  |  |  |  |  |  |
| 前 513 |  |  |  |  |  | 哀公 |  | 平公 |  |  |
| 前 512 |  |  |  |  |  |  |  |  |  |  |
| 前 511 |  |  |  |  |  |  |  |  |  |  |
| 前 510 |  |  |  |  |  |  |  |  |  |  |
| 前 509 |  |  |  |  |  |  |  |  |  |  |
| 前 508 |  |  |  |  |  |  | 献公 |  |  |  |
| 前 507 |  |  |  |  |  |  |  |  |  |  |
| 前 506 |  |  |  | 景公 |  |  |  |  |  |  |
| 前 505 |  |  |  |  | 哀公 |  |  |  | 阖闾 |  |
| 前 504 |  |  |  |  |  |  |  |  |  | 允常 |
| 前 503 |  |  | 定公 |  |  |  |  |  |  |  |
| 前 502 |  |  |  |  |  | 昭王 |  |  |  |  |
| 前 501 |  |  |  |  |  |  |  |  |  |  |
| 前 500 |  |  |  |  |  |  |  |  |  |  |
| 前 499 |  |  |  |  |  |  | 简公 |  |  |  |
| 前 498 |  | 敬王 |  |  |  |  |  |  |  |  |
| 前 497 |  |  |  |  |  |  |  |  |  |  |
| 前 496 |  |  |  | 惠公 |  |  |  |  |  |  |
| 前 495 |  |  |  |  |  |  |  |  |  |  |
| 前 494 |  |  |  |  | 定公 |  |  |  |  | 勾践 |
| 前 493 |  |  |  |  |  |  |  |  |  |  |
| 前 492 |  |  |  |  |  |  |  |  |  |  |
| 前 491 |  |  |  |  |  |  |  |  |  |  |
| 前 490 |  |  |  |  |  |  |  |  |  |  |
| 前 489 |  |  | 晏孺子 |  |  | 声公 |  |  |  |  |
| 前 488 |  |  |  |  |  |  |  |  |  |  |
| 前 487 |  |  | 悼公 |  |  |  |  | 夫差 |  |  |
| 前 486 |  |  |  |  |  |  |  |  |  |  |
| 前 485 |  | 哀公 |  |  | 悼公 |  | 献公 |  |  |  |
| 前 484 |  |  |  |  |  |  |  |  |  |  |
| 前 483 |  |  | 简公 |  | 惠王 |  |  |  |  |  |
| 前 482 |  |  |  |  |  |  |  |  |  |  |
| 前 481 |  |  |  |  |  |  |  |  |  |  |
| 前 480 |  |  |  |  |  |  |  |  |  |  |
| 前 479 |  |  | 平公 |  |  |  |  |  |  |  |
| 前 478 |  |  |  |  |  |  |  |  |  |  |
| 前 477 |  |  |  |  |  |  |  |  |  |  |

| 年份 | 东周 | 鲁 | 齐 | 晋 | 秦 | 楚 | 郑 | 燕 | 吴 | 越 |
|---|---|---|---|---|---|---|---|---|---|---|
| 前476 | 敬王 |  |  |  |  |  |  |  |  |  |
| 前475 |  |  |  | 定公 |  |  |  |  |  |  |
| 前474 |  |  |  |  |  |  |  |  | 夫差 |  |
| 前473 |  |  |  |  |  |  |  |  |  |  |
| 前472 | 元王 | 哀公 |  |  |  |  |  |  |  |  |
| 前471 |  |  |  |  |  |  |  | 献公 |  |  |
| 前470 |  |  |  |  |  |  | 声公 |  |  |  |
| 前469 |  |  |  |  |  |  |  |  |  | 勾践 |
| 前468 |  |  |  |  |  |  |  |  |  |  |
| 前467 |  |  | 平公 |  |  |  |  |  |  |  |
| 前466 |  |  |  |  |  |  |  |  |  |  |
| 前465 |  |  |  |  |  |  |  |  |  |  |
| 前464 |  |  |  | 出公 | 厉共公 | 惠王 |  |  |  |  |
| 前463 |  |  |  |  |  |  |  |  |  |  |
| 前462 |  |  |  |  |  |  |  |  |  |  |
| 前461 |  |  |  |  |  |  |  |  |  |  |
| 前460 | 贞定王 | 悼公 |  |  |  |  |  | 孝公 |  | 鹿郢 |
| 前459 |  |  |  |  |  |  | 哀公 |  |  |  |
| 前458 |  |  |  |  |  |  |  |  |  |  |
| 前457 |  |  |  |  |  |  |  |  |  |  |
| 前456 |  |  |  |  |  |  |  |  |  |  |
| 前455 |  |  |  |  |  |  |  |  |  |  |
| 前454 |  |  |  |  |  |  |  |  |  | 不寿 |
| 前453 |  | 宣公 |  |  |  |  |  |  |  |  |
| 前452 |  |  |  |  |  |  | 共公 | 成公 |  |  |
| 前451 |  |  |  | 哀公 |  |  |  |  |  |  |

# 主要事件

| 年份 | 事件 |
|---|---|
| 前 571 | 晋国带领诸侯军侵略郑国（郑国投降）。 |
| 前 566 | 郑子驷杀厉公、立简公。 |
| 前 565 | 郑国攻打蔡国，与楚国积怨（郑国向楚国投降）。 |
| 前 564 | 晋、楚两国搅乱郑国。 |
| 前 563 | 郑国子产镇压子孔的叛乱。 |
| 前 559 | 晋国率领诸侯国攻打秦国，中途放弃撤军。 |
| 前 555 | 晋国为了帮助鲁国，曾带领诸侯国包围齐国的都城。 |
| 前 550 | 齐国试图利用亡命国外的栾盈攻打晋国。 |
| 前 548 | 郑国子产带领军队攻陷陈国都城。齐崔杼弑杀庄公。吴王诸樊进攻楚国时不幸被击中丧命。 |
| 前 546 | 以晋为首的北方诸侯国与以楚国为首的南方诸侯国，外加秦国和齐国一起实现了春秋时代的最大外交成果——弭兵会盟。 |
| 前 543 | 郑国子产执政。 |
| 前 541 | 楚国令尹围弑杀王郏敖，自称为王（灵王）。 |
| 前 538 | 楚灵王带领诸侯国攻打吴国。 |
| 前 536 | 郑国子产公布刑法书。 |
| 前 534 | 楚灵王灭陈国。 |
| 前 531 | 楚灵王灭蔡国。 |
| 前 529 | 楚国爆发政变，灵王被杀。 |
| 前 525 | 晋荀吴率军灭陆浑戎。 |
| 前 524 | 郑国发生大火灾，子产收拾残局。 |
| 前 522 | 郑国子产离世。 |

## 图书在版编目（CIP）数据

春秋战国 . 第 4 卷，夹缝求生／〔韩〕孔元国著；金爱华译 . —上海：上海三联书店，2023.1
ISBN 978-7-5426-7940-6

Ⅰ . ①春… Ⅱ . ①孔… ②金… Ⅲ . ①中国历史—春秋战国时代—通俗读物 Ⅳ . ① K225.09

中国版本图书馆 CIP 数据核字（2022）第 218065 号

**春秋战国·第四卷·夹缝求生**

著　　者／〔韩〕孔元国
译　　者／金爱华
**责任编辑**／王　建
**特约编辑**／时音菠
**装帧设计**／鹏飞艺术
监　　制／姚　军
**出版发行**／上海三联书店
　　　　　　（200030）中国上海市漕溪北路331号A座6楼
**邮购电话**／021-22895540
印　　刷／三河市延风印装有限公司
版　　次／2023 年 1 月第 1 版
印　　次／2023 年 1 月第 1 次印刷
开　　本／960×640　1/16
字　　数／131千字
印　　张／18.5

ISBN 978-7-5426-7940-6/K · 692

定　价：56.80元